アフォーダンス入門

知性はどこに生まれるか

佐々木正人

講談社学術文庫

学術文庫版まえがき

本書は二〇世紀にアメリカの心理学者ジェームズ・ギブソンによって構想されたエコロジカル・サイコロジー（生態心理学）の内容をわかりやすく紹介する目的で書かれた。

タイトルのアフォーダンスというのは、ギブソン心理学の中心をなすアイディアを凝縮した用語である。その意味するところは難解だといわれているが、本書を通読することでこの新しい心理学の輪郭がおぼろげにであっても読者に伝わるならば幸いである。

本書では、一九世紀に進化論を唱えたチャールズ・ダーウィンの、現在ではあまり紹介されることのない動物や植物の研究を生態心理学の導入として用いた。ダーウィンの仕事とギブソン理論を関係づける見方は、エドワード・リード（『アフォーダンスの心理学』新曜社）から学んだが、本書では思い切ってこの観点を推し進めてみた。

地質学から生物学そして心理学まで、諸学を横断する広範な関心を持って、周囲の自然についての詳細極まりない観察を生涯し続けたダーウィンの発見に、生態心理学のルーツを見て取ることは不可能ではないと思ったからである。

ギブソンのプリンストン大学時代の教師、エドウィン・ホルトはプラグマティズムを起こしたウイリアム・ジェームスの後継者だったが、このアメリカ思想の系譜がダーウィンとギブソンの学問に親密さを作り出していることは間違いない。本書を一読して、この種の来歴に関心を持たれた読者には『生態心理学の構想』(東京大学出版会)にあたることをお勧めする。まだ語られることの少ない現代思想の水脈の一つが透けて見えてくるはずである。

いずれにしても、本書をきっかけとして、読者が生態心理学という魅力ある未完の構想に探索の手を染めることを期待したい。

二〇〇八年一月

佐々木正人

この本を読まれる方へ（原本）

この本はアフォーダンスについて書かれています。おそらく多くの人にはなじみのない言葉です。アフォーダンス理論は、二〇世紀も終わり近くになって、心理学はもちろんのこと、精神医学、生命科学、物理学、建築学、工学、芸術学などいろいろな領域に浸透しはじめているアイディアです。

二一世紀にかたちをなすだろうと言われている、精神と物質と生命をつなぐ新しい科学に基礎を提供する考え方の一つだと言われています。この本ではこのアイディアの根本をいくつかの章で探っています。

ここで紹介されるアイディアの多くは、現在、ぼくらが持っている人間のこころやふるまいについての常識とはまったく異なるものです。

たとえばこの本では、意味がぼくらの脳にあるのではないと言っています。眼や耳などの感覚器官から入ってくることと、まわりにあることを知ることとはあまり関係がないとしています。身体とまわりの世界には境がないと書いてあります。「自己」はどこにも定まっていなくて、世界の中に刻々とあらわれるものだとしています。ぼくらが一つではなくて多数の身体を持っているとしています。遺伝か環境かという議論は、人の発達を説明できないとしています。ぼくらのしていることには正しいこともまちがいもないのだとしています。ぼくらが生きつづける理由はぼくらの中にではなくて、外にあるとしています。

この本を手にされてこのページを読みはじめた読者の多くは、こんなおかしなことがあるものか、と思われたはずです。屁理屈《へりくつ》をこねたこむずかしい本だろうと敬遠しかけるかもしれません。どうぞ安心してください、この本には、むずかしいことは一つも書かれていません。あたりまえのことだけが書かれています。

おそらく読者はこの本を読み終えたときに、このようなおかしな主張の一つぐらいはたしかにありうると思えるはずです。そう思えたときには、まったく新しい感じを、この世界についてもてるはずです。まわりに起こることの一つ一つが新鮮に見えはじめるはずです。

目次

アフォーダンス入門

知性はどこに生まれるか

第一章　さんご礁の心理学

跡を探す

街にはいろいろな跡がある。

地下街にいって探してみる。どの柱の周りの床にもわずかな幅の白い跡がある。たくさんの人が歩いた床は汚れて、うす黒くなっているけれど、柱の周りだけは、ちょうど柱と同じ形で白い。そこだけは新品みたいにきれいなままになっている。おそらく柱のすぐ近くを歩く人の足が、柱にふれるのをよけたせいで残された跡である。柱をよけた、たくさんの足の流れが見えるようである。

曲がり角にも跡がある（写真1）。鉄の扉のペンキがむざんにはげている。そこに立ってみると、この跡は、だいたい身長一六〇から一七〇センチくらいの人の腰の高さについていることがわかる。手や腰のあたりが、ここを曲がるときに壁にふれてしまってできた跡なのだろう。ここを通る人は方向を変えるときに、壁を使っている。

不思議な跡もある（写真2）。これは階段にいたるフロアーの降りるまぎわについた跡である。一段目のヘリに平行してついている。なぜこんな跡がついたのかすぐにはわからない。しばらくそこで起こることを見ていると発見がある。階段を降りる足は、まるでしめしあわせたように、階段のある部分を使っている。

一つは、足のさき三分の一ぐらいで階段のへりをとらえて、そこを支点にして全身を前に倒して降りる方法（図1―1(a)）。二つ目は、階段のへりから足さきを出さずに、ピタリと階段のへりの端に一致させて降りはじめる方法である（図1―1

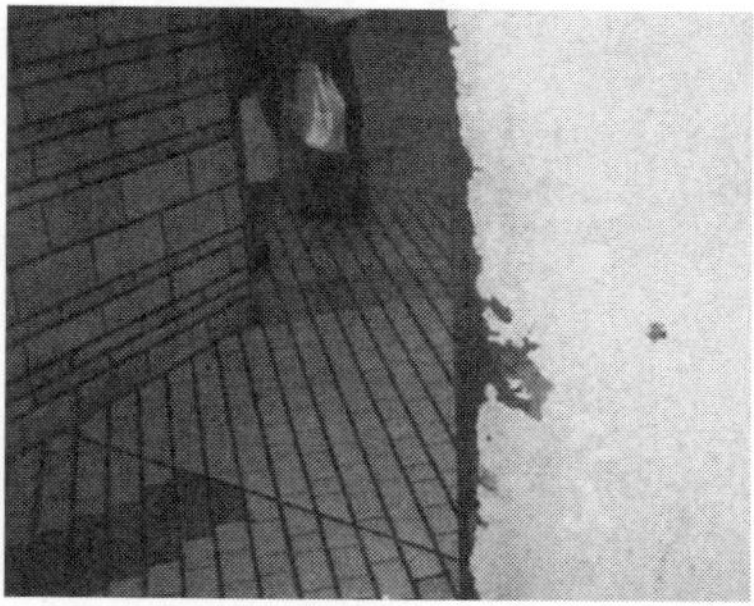

写真1

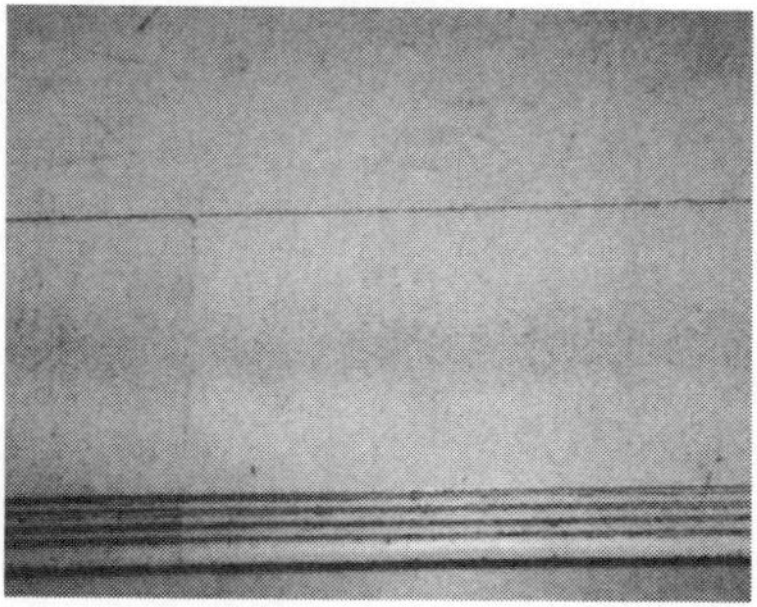

写真2

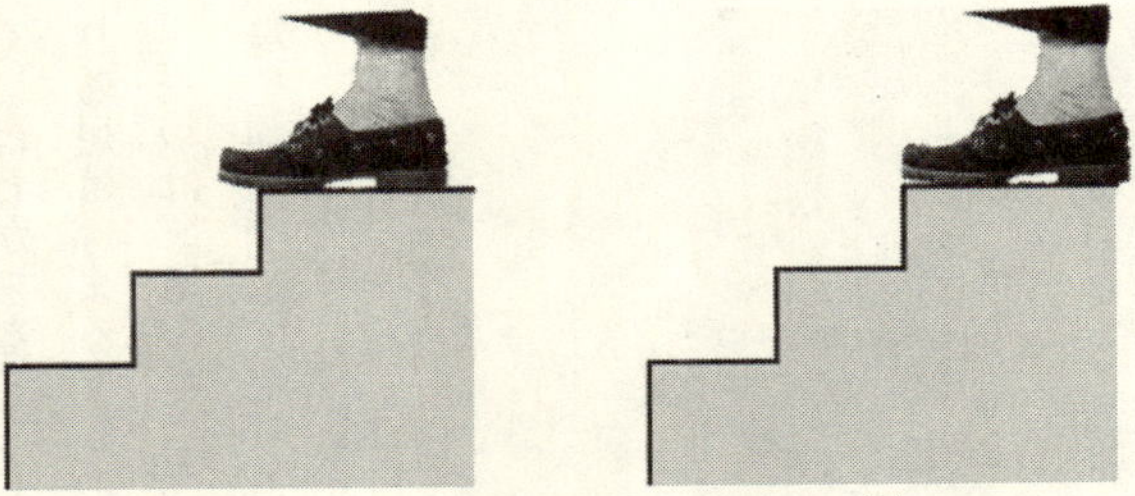

図１－１　階段を降りる足

(b)。けがをしてゆっくり歩いている人とか、ハイヒールをはいている人以外はだれもが、階段のヘリを足の先で「つかまえて」階段を降りはじめている。

どうやら自覚していないけれど、ぼくらの足はその先で階段のヘリの位置を探っている。まるで走り幅跳びの踏切りのようだ。ぼくらの足の先端部分や足の指の周辺は、毎日、階段のところでこんなふうにしてヘリを探して、「踏み切っている」のだ。

階段にある黒い一筋の跡の意味がわかった。これは、足が階段にさしかかり、階段のヘリを足の先が使ったときに、たくさんのカカトが残した跡である。

行為は跡を残している。跡は、どこでも同じようにはできない。跡は、それができた場所で、行為に起こっていることによってしかできない。むずかしくいえば、跡は行為と、それがおこなわれた場所に固有である。跡はそれがついた所が行為にとってはどのような場所であるのかをよく示している。おそらく行為だけをいくら一生懸命見ても見えてこない行為の性質を跡が教えてくれる。跡は行為が場所と深く関係しておこなわれているということを示している。

サンゴの生きるところ

生きものの残す跡には、気の遠くなるほど大きなものがある。たとえばさんご礁《しょう》である。

さんご礁は、サンゴというイソギンチャクの仲間が、生きているときに骨をどんどん下に成長させ、それが積み重なってできた岩である。サンゴの生は海中での卵と精虫の受精にはじまる。受精したサンゴの子どもは、直径一～三ミリぐらいの大きさでうぶ毛でおおわれている。海中で一ヵ月くらいの間泳ぎまわった後に、海底におりて、固めの岩に付着して、一匹のサンゴ虫に成長する。このサンゴ虫のことを「ポリプ」という。

ポリプは群れをつくる。この群体が、炭酸カルシウムの骨をつくり、岩としっかりとつながる。サンゴがつくる骨がどんどん堆積すると山ができる。この骨の山の上でサンゴは生きている。つまり、さんご礁は、かつてそこで生きたサンゴの残した骨の山と、その上のほんのわずかな部分で、いま生きて骨をつくっているサンゴの、やわらかい組織とからなりたっている。

さんご礁をつくるサンゴを「造礁サンゴ」とよぶ。造礁サンゴの体内には、植物プランクトンである褐虫藻がいる。この藻は一立方センチメートル当たりに一五〇万個もいる場合もある。藻は日の光を利用して光合成し、酸素をサンゴにあたえる。サンゴの方は二酸化炭素を藻にあたえる。膨大な藻がサンゴと共生している。藻をもたない群体では骨のできぐあいが悪く、さんご礁がつくられないということが知られている。藻とサンゴが一緒になって骨の山を海の中に築いている。だから造礁サンゴが上へと成長するためには、光がどうしても必要である。

光の透過度が悪くて暗いと、光合成の活動は停滞して、サンゴの群体は小さくなる。造礁サンゴが形成されるためには深度五〇メートルぐらいがその限度であるといわれている。それ以上深いところではサンゴと共生する藻が十分な光を得られない。サンゴの化石は二億〜四億年前の地層にもあるという。この地球にものすごく長く生きつづけてきた造礁サンゴは、いつもだいたい約五〇メートル未満の浅い海だけで生きてきたわけだ。サンゴの成長はほかにも、海水の温度、川からの泥の流入があまりないこと、つまり光を通す透明度があること、塩分の濃度、水流の速さなど多くの条件がなければ保証されない。

さんご礁の謎

さんご礁については一九世紀になるまでとけない謎があった。それはこのように営々と築かれてきたさんご礁に、なぜ種々の形ができたのかという謎である。つまり、サンゴの残す跡が一種類ではなく、なぜ多様なのかという謎だ。これも跡の謎である。

さんご礁には三種の形がある。

第一は「裾礁《きょしょう》」。それは陸地と海の境界の部分で、陸地の「裾《すそ》」を取り囲むように発達したさんご礁である。陸地近くの海は浅く、サンゴの成育条件に合っている。しかしあまり陸地に近いと、潮の干満で海面の変動が大きすぎる。また陸からの雨水が流入すると海水が不透明になり光を通しにくいのでサンゴは生きられない。陸から数十メートル離れたところで、およそ五〇メートルの浅瀬だけにサンゴは成長し、骨の痕跡の岩を築いた。たとえばアラビア半島とアフリカの間に北西から南東にのびた紅海があるが、そこには総延長四〇〇〇キロメートルの裾礁がある。

第二が「堡礁《ほしょう》」である。「堡」とは砦の意味である。英語でバリア・リーフとよばれる。堡礁と陸地までの距離は、数百メートルから遠い場合には数十キロまである。この部分は「礁湖」とよばれる。オーストラリアのグレート・バリア・リーフは総延長二〇〇〇キロあり、幅は一五キロもある。

第三が「環礁」である。環礁とは海の中にできた輪状のさんご礁である。かならずしも円形ではなく不規則な形であることが多い。また多くの切れ目があり、そこで外海とつながっている。環礁の中には陸地がない。世界中に約四〇〇の環礁があり、最小で直径が一キロ、最大で三〇キロ以上に達する。

ダーウィンの発見

限られた場所でしか成長できないさんご礁は、なぜこのような多種の跡を残したのだろう。この謎に、最初にだれもがうなずける説明を与えたのがチャールズ・ダーウィン（一八〇九―一八八二）である。『ビーグル号航海記』を読むと、ダーウィンはこの謎を解くアイディアをビーグル号での航海の途中に思いついた。

ビーグル号の航海は、一八三一年一二月二七日に開始され、一八三六年一〇月二日に終了した。航海の最後の年の一八三六年の四月一日に船はインド洋のキーリング諸島のさんご礁についた。しばらくそこに滞在して、四月一二日の朝に、モーリシャスに向けて出発するために、直径が一五キロの小ぶりの環礁の中の礁湖から外に出た。海洋探索船だったビーグル号の艦長は、二キロの沖で、海底の深さを測るために観測用のヒモのついた鉛を海に投じた。ところが二〇〇〇メートルもある測鉛が海底にとどかなかった。

そのことは、環礁をその頂上とする「この島は、海底からそびえたっているとほうもない高山で、おまけにその山腹は、いちばんとがり方の急な円錐火山よりも、さらにけわしい角度になっている」（以下も引用は『ダーウィン先生地球航海記』より）ことを示していた。観測のたびに測鉛にはサンゴの骨が付着してきたが、それは「この壮大な堆積の山ぜんたいにある大ぶりの岩のかたまりから、ごくこまかい砂つぶにいたるまで、あらゆる構成原子が、（サンゴという）生物のいとなみによってつくられた証拠」であった。このサンゴの築いた壮大な構築物にダーウィンはおどろいた。海底深度の観測は、ダーウィンにぼくらがすでに知っているサンゴについての重要な事実を知らせることになった。

観測のたびに測鉛には海底にあるサンゴの骨でできた砂が付着してくるのだが、海面下数十メートルまでは、測鉛は「まるで、敷物のようにはりめぐらされた芝生の上に落ちたように、よごれがまるでついていなかった」。そこのサンゴは生きていた。しかし深度が増すと観測器に砂つぶがつきはじめた。繰り返しの観測は、三五メートルから五五メートルを境にして、砂つぶがつきはじめる、つまりそのあたりから生きているサンゴがいなくなる。ダーウィンはサンゴがリーフをつくることのできる最大深度がほぼ三五メートルから五五メートルのあいだになると考えた。この推理は、先に述べたようにその後のさんご礁についての研究結果と一致している。

造礁サンゴがほんの浅瀬でしか生きられないというこの発見から、ダーウィンはすべてのさんご礁の成立について大きな仮説を導く。

まずダーウィンは一つの事実を確信する。「造礁サンゴが深海の底では生きていけない事情を考えると、いま環礁になっているところは、もともと海面下三五メートルから五五メートルの深さよりも浅いところに基礎があったことは、ぜったいにまちがいない」。海底に埋もれている骨の山のすべてはどんなに深くてもかつては浅瀬だったことはまちがいない。でなければサンゴは生きられない。

堡礁や環礁など、外洋にあるさんご礁の基盤がどのようにしてできたのかということについては、それまでにもいくつかの説明があった。ダーウィンはこれらの説を吟味した。

たとえば陸地からの砂などが堆積してさんご礁の基礎をつくったという堆積説。しかし、太平洋やインド洋など、大陸から遠く離れたところにけわしい傾斜面をもつような堆積が生じたということはとても想像できない。堆積説はおかしい。

ほかにも環礁の輪は海底火山の火口の上にできたものだという火口説があった。しかし、さきに述べたように、環礁の形はその名にもかかわらず、じつは非常に多様であり、どう見てもまるいとはいえないものもある。たとえば長径が九〇キロ近くあって短径が三〇キロなどというのもあるのだ。いっきの爆発でできる火口が、こんなゆがんだ形になるわけがない。火口説もちがう。

有力だった説の一つが、地盤の隆起によってサンゴの基盤となる地形が偶然に海底につくられたという隆起説である。しかし、たとえば堡礁は数百キロも区切れなく続いていることがある。とすると、隆起した山脈の頂上の高さがすべてサンゴが生きられる五〇メートル以内の範囲に納まったということになる。地上の山並みをみればわかるが、隆起のつくる稜線《りょうせん》の高低差、つまりデコボコした起伏は五〇メートルなどというわずかの幅にとうていおさまるものではない。サンゴにとってつごうのよいまったいらな隆起が、地球上のあちこちで起こったはずはない。この説もだめだ。

なによりも、これらの説のすべてが、サンゴが約五〇メートルよりも深い海では生きていけないということ、だから現在生きているサンゴをその上にのせて、壮大な高さでそびえたつ礁のすべてがもともと浅瀬にあったという事実をまったく説明できない。数千メートルあるさんご礁が、かつてのサンゴの骨の堆積物であるならば、その堆積物のすべてが海面から五〇メートル以内という領域にいたことがなければいけない。さんご礁の謎を解く理論はこの疑問に答えなければならない。

ダーウィンの「沈下説」

ある日、ダーウィンは一つのアイディアを思いつく。

それはさんご礁の形成のためには、地面の大きな大きな動きが必要だということ。そうだ！　こんな高いさんご礁ができるためには、そしてその上のわずかの部分でサンゴが生きつづけるためには、大地は沈まなくてはならない。

いわゆる「沈下説」の誕生である。

ダーウィンは言う。「この発想が、とたんに難問を解決してくれる。山やま、島じまが、ひとつずつ、しかもゆっくりと海面の下にしずむにつれて、サンゴたちはリーフをつくり成長するためのあたらしい根を、つぎつぎと提供してもらう」。少しずつ大地全体が沈む。沈む大陸あるいは島の周辺の海底と海面とがつくる幅が五〇メートル以内の深さだったときに、サンゴはそこに生きられる。そして骨を堆積し続ける。

「沈下説」は、さんご礁にまったく異なる三つの形があるという謎についても答えることができる。

島や大陸のスソにできた裾礁の誕生については説明がいらないだろう。それは浅瀬だけで生きられるすべてのさんご礁のはじまりの形態である。もっとも謎めいていたのが堡礁であった。島から数十キロも離れた大海の真ん中に、こつぜんと、分厚い砦のように頭を出す堡礁。それは大変に不思議な自然の構築物であった。それを遠い島や大陸とを結びつけるわずかな証拠はたしかにあった。たいがいの場合バリア・リーフでは、島に向かっている側よりも外側の方が急斜面である。つまり堡礁は、大陸や島が沈んで、最初は裾礁だったさんご礁がずいぶんと島から離れて、大海原に取り残されてしまった姿なのである。

さらに島が完全に海の下に沈んで海面から見えなくなったときに堡礁は環礁になる。環礁はすでに海面下に沈んでしまった種々の形の島をとりかこんでできたさん

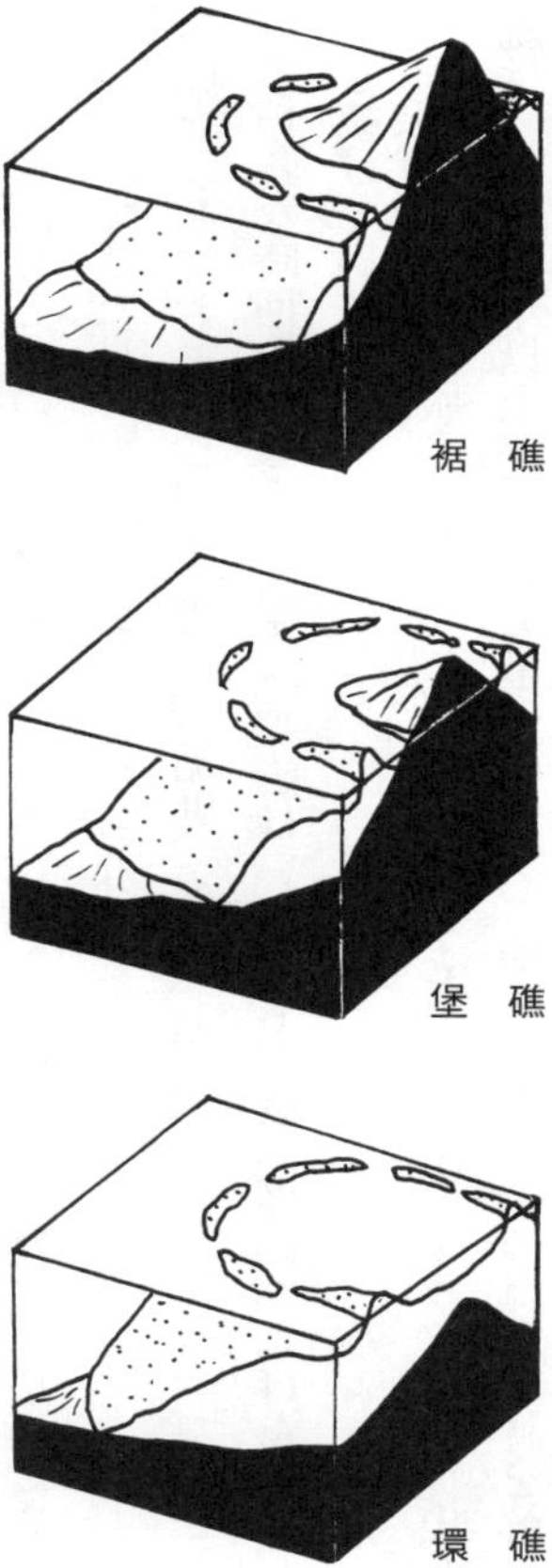

図１－２　さんご礁の発達
（『小学館の学習百科事典16・海』を参考に作成）

ご礁に起源をもつのである。環礁にいろいろな形があるのは、はじめにそのまわりに裾礁ができた島の形が多様だったからなのだ。

図を示しておこう（図1―2）。裾礁、堡礁、環礁は発達する一つのさんご礁のいろいろな時期の姿なのである。裾礁はいまでも堡礁へ環礁へとほんの少しずつ発達し続けている。

一八四二年に出版された『さんご礁の構造と分布』でダーウィンが提出した沈下説は、一五〇年以上が経過した現在でも、三種のさんご礁の誕生の謎を解くもっとも有力な説であり続けている。

生きものには「まわり」がある

三種のさんご礁の成立についてダーウィンが発見したことは、生きもののすることと、それを取り囲むところの深い深い関係について、大きな展望を与えてくれる。

造礁サンゴのコロニーは、さざ波の押し寄せる浅瀬にできる。そこでサンゴは計量が困難なほど微量の骨を蓄積し続けている。こうして造礁サンゴが骨をつみあげている海底の大地が、サンゴが造礁できる速度を裏切らない程度に沈んだとき（むしろこの速度についていけたサンゴが生き残ったということだろうが）、このサンゴの営みが何千万年、何億年もはてしなく持続する。じっさいはこの骨をつくる営みと、大地の沈下との絶妙なコンビネーションに失敗して、途中で死に絶えたサンゴ群がたくさんいたわけだ。

サンゴはこのみずからの骨を堆積する生の営みと、堆積した大地の沈む速度との奇跡のようなハーモニーの結果として、地球上のいくつかの場所に地形を変更させるほどのものすごく大きな痕跡を残した。大地の沈む速度、骨の堆積の速度、海水の温度、塩分の濃度、海の透明度、共生する種々の生きものとの関係……数え上げればおそらくきりがない。すべてが渾然一体としてサンゴの生の持続が可能になったときに、サンゴは膨大なさんご礁をきずきあげてしまった。宇宙船からも見えるくらいのすごい痕跡を海面に残した。

このサンゴの営みに、そしてダーウィンがそれに与えた説明に、生きているものの行為を考える一つの大きなヒントがある。

それはあまりにもあたりまえのことなのだが、生きもののすることには、それを可能にしているところがある、そしてそれを可能にしている変化の仕方がある、ということである。生きもののするあらゆることは、それだけ独立してあるわけではない。行為があるところには、かならず行為を取り囲むことがある。まわりがあって生きもののふるまいがある。

しかし生きものを取り囲むことの意味は最初から発見されているわけではない。地面が少しずつ沈む浅瀬の持つ意味は、そこにサンゴが登場しなければあらわれない。サンゴがいなければそれは無意味な海底の沈下にすぎない。しかしサンゴがあらわれるとそれはサンゴの生の持続を可能にする変化となる。同じことだけれどそこに意味が生ずる。サンゴが生きるところはもともとこの世界のどこかにあったわけだけれど、そこにある生きものにとっての意味は、サンゴがそこに存在することではじめて発見される。

生きものの行為とその周囲とはどうやら二つで一つのことなのである。そういうことがこの世界にはある。生きものの行為と環境の二つを別々のこととして分けてしまって、その二つをすりあわせてみて考える、という方法ではこの世界にある重要なことを見逃してしまう。それは二つだけれど、どこまでも一つのこととして考えるべきなのだ。

さんご礁の心理学

さんご礁のことを長々と書いた。ぼくは地質学者でも生物学者でもない心理学者だ。「こころ」とよばれていることに興味がある。

ぼくは「こころ」とぼくらがよんでいることも、さんご礁をつくりあげたサンゴの行為のように、まわりにあることと二つで一つのことであると考えてみたいと思っている。そういう見方がどのようにして可能になるのかということについてこの本に書いてみたい。だから本書では、さんご礁で起こっていることを生物学者が観察するように、人のふるまいに起こっていることを見てみたい。つまり「さんご礁の心理学」を試みてみたい。

生きものの行為がどのようなことなのかについて、この数世紀、つきない議論があった。それらの議論が重要であるということを知ってはいる。けれど、議論の歴史から考えるということをここではあまりしない。思い切って行為について「はじめから」考えてみたい。

そんな話を書いてみようと思うきっかけをつくってくれたのがチャールズ・ダーウィンだった。ダーウィンの進化論はあまりに有名であるが、彼の「心理学」はほとんど知られていない。明瞭な姿をなしているとはいえないが、彼は心理学を構想していたと思う。どうやらその心理学はいまぼくらが知っている心理学とはずいぶんと違うようだ。その心理学を探りたいというのが本書が書かれる動機の一つでもある。ダーウィンを追いかけながら「もう一つの心理学」を考えてみる。

第二章　生きものはこのようにはふるまわない

土はいかにつくられるか

一八三七年。ビーグル号の旅行から帰ったダーウィンにおもしろい誘いがあった。ちょうど一〇年前の一八二七年に石灰が厚くまかれ、その後、一度も耕されたことのない土地がある。いまそこに行ってみても、どこにも石灰の白い跡がまったくない。火山の噴火も洪水も、地面を土でおおってしまうような出来事はこの付近では起こらなかった。なのに大量の石灰はどこかに行ってしまった。地面を掘って調べてみよう、という誘いであった。

さっそく地面に四角い穴を掘った。土の断面を見ると、地表から約二センチまでのところには、芝生の根の層があった。そして、その下、地表から約七センチの深さのところに、あった！　石灰の白い層がくっきりと残されていた。それは厚さからして一〇年前に地上にまいたあの石灰にまちがいなかった。

石灰とその上にはえた根との間に何があるのかをよく調べてみた。約五センチの幅でみずみずしい黒く肥えた土が密集していた。その土は石灰の層の下にある石ころや粗い砂でできた土の層とは一目で区別できる肥沃な土だった。

肥えた黒土をよく見てみると、それはよく地面にかたまりになっているミミズの糞そのものだった。そこでダーウィンはいろいろな文献にもあたった上で、この変化は地表の石灰の上に、ミミズが糞をして、それが一〇年間で堆積してできたものにまちがいないと考えた。肥えた表土はミミズがつくったものだ。ミミズは一〇年間で五センチ、つまり一年間だと約〇・五センチの肥沃土を糞として表面に堆積したのだ。

まだ二八歳の若きダーウィンはこの発見をまとめて「ロンドン地質学会」で「土壌の形成について」という短い論文を発表した。

牧場の表面に厚くまかれた灰や燃え殻が、数年たつと地面の下の数センチのところに層をなして埋もれている。大地の表面にあるすべてのものは、徐々に地中に埋まっている。このような大地の表面の変化が起こるのはミミズのせいだ。ミミズは土の中の微生物を食べ消化した残りを糞として、すんでいる穴の外にはこびだす。それが積もりそして広がって地表にあるものをおおう。地表はミミズのつくった肥沃土でおおわれている、ということを主張する内容の論文だった。

ダーウィンはこのアイディアが世界中の大地に起こっていること、つまり、表面にあるものが徐々に沈んで消えているという事実を説明する大発見だと考えた。「大地の表面をおおう肥沃土はすべて、ミミズの消化管を何回となく通過したし、これからも何回も通過するであろう」。彼はいさんで新説を発表した。

しかしわずかな観察にもとづいただけのこの報告には、反対する意見も述べられた。ミミズのたくさん生息《せいそく》している、低地の湿った土地にはあてはまるかもしれない。しかし、この説でそれ以外の大部分の土地の変化を説明することには無理がある、というものだった。この説を「奇妙な説」と批判する論文も書かれた。すぐさま反論したいところだった。しかしダーウィンは十分な事実をまだ手にしていなかった。そこで長い観察をはじめた。

ミミズは大地をかきまわしている

その成果は、四四年後の一八八一年に『ミミズの行為によって肥沃な土壌がつくられること、そしてミミズの習性の観察』(邦訳のタイトルは『ミミズと土』)と題された本として出版された。死ぬ前の年だった。

この本に書かれている観察は息が長いだけではない。詳細をきわめている。『ミミズと土』には大きくわけて二つのことが書かれている。第一はこの本が書かれる第一の動機であった「大地を耕すミミズの力」についてである。三章から七章では、いろいろな方法を使って、ミミズの出す糞が大地の表面を形成しているという事実を執拗《しつよう》に集めている。

そのために彼がまずとった方法は、一八三七年の最初の観察を繰り返すこと、つまり地上におかれたいろいろのものが、表面下に埋まっていく速度を測ることだった。

一八三七年の最初の観察から五年後。一八四二年一二月一〇日。三三歳のダーウィンは家の近くの牧草地にこんどは自分の手で大量の石灰の粉をまいた。二九年間待った。一八七一年の一一月の終わり、六二歳のときに、石灰をまいたところを横切るように一本の溝を掘ってみた。地面にまいた石灰の層は地下一八センチのところに、白い一本の線となってそのままあった。一年で約〇・六センチ「沈んだ」ことになる。

ふつうどの石の下にもミミズがたくさん生きている。ミミズは糞を石の周囲に出す。だから石の沈む速度を測ると、ミミズの地表をつくる働きがよくわかる。

ダーウィンは家の近くの草原の厚さ約二五センチの石がどれくらいの速度で土の中に沈んでいくのかを測りつづけた。三五年間でその石は約三・八センチ沈んだ。ダーウィンは、もしこの速度で石が埋もれつづけていけば、この石の姿はほぼ二四七年後に地表から見えなくなるはずだと計算した。彼がこの計算をしたのは、一九世紀の後半である。もしその石がそのままの状態でダーウィンの家のそばの草地にあるのなら、いまもその石はまだ地表にその姿の一部をあらわしているはずだ。ぜんぶ沈んでしまうまでにまだ一〇〇年は必要だ。

もっと大きな物もミミズによって地中に沈められていた。

一八七六年の秋の終わりに、ある町で農家の庭の約八〇センチ下から、ローマ時代の住居の一部が発掘された。陶器のかけらや、西暦一三三年という年号のついているコインなどが出てきた。遺跡が掘り出されたあと、ダーウィンはその表面にミミズの行為の跡がないかどうかをよく調べた。残念ながら、コンクリートでできた床にはミミズが穴をあけた形跡は見当たらなかった。その日はいちおう床をきれいに掃いて帰った。

あきらめずに次の日に来て探してみると、コンクリートのやわらかい部分やすきまに、一目でミミズの糞にまちがいないとわかる、わずかな黒い土のかたまりがあちらこちらにあった。それらは目には見えないわずかな穴を通って、ミミズたちによってコンクリートの下から上にもちあげられたものであることは間違いなかった。床や壁の下には、石の下のようにたくさんのミミズがいる。ほかのところと同じようにミミズは床や壁の上に糞を積みあげている。

それからも、ダーウィンは考古学者が遺跡を発掘したと聞くと出かけていった。そしてどの古代の建物の壁にもミミズの穴があることを確認した。遺跡を土の中に埋めて、それを完全な形で保存することに手をかしたのもミミズだった。

ミミズがどこでもすこしずつだが大地の表面をつくり変えているということを確認したいという彼の執念はやむことがなかった。死の数年前に、自宅の庭に一〇〇

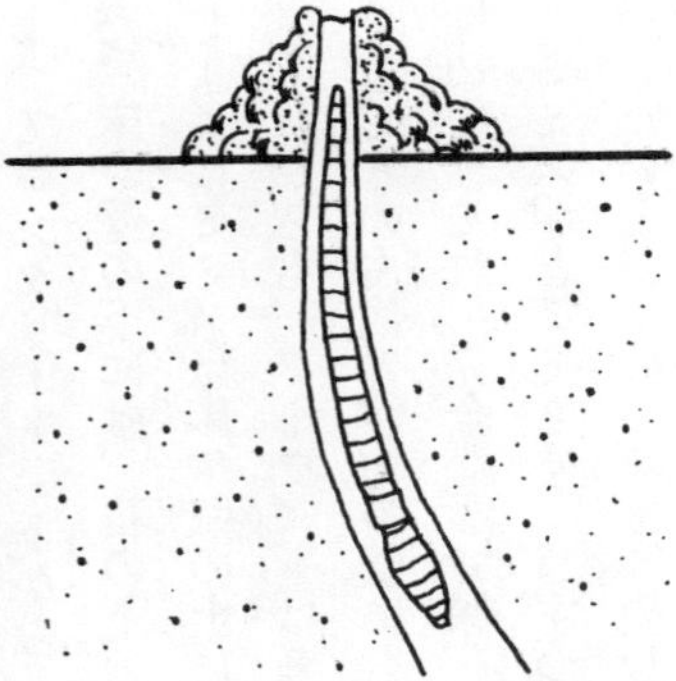

図2－1　ミミズの糞塊（山口英二『ミミズの話』北隆館を参考に作成）

分の一ミリ単位で地面の沈下を測定できる「ミミズ石」という測定道具をすえつけた。長期観測の結果については残念ながら死んでしまったダーウィンは知ることができなかったわけだが、息子の一人フランシス・ダーウィンはその石が一九年で二七・七七ミリ沈んだと、学会に報告している。

ダーウィンが観察した「土壌形成種」とよばれるミミズは、尾の端をトンネルの外に出して穴のまわりに糞土の粒をならべる。穴のまわりを糞が一周すると、さらに尾の端を伸ばして、前の糞土の上にさらに規則正しく配列していく。結果として、糞塊の山が穴の周辺にできる（図2—1）。

ダーウィンは地面に排泄されたこのミミズの糞の山を計量した。彼の住んでいたロンドンの二五キロ郊外のダウン村周辺の畑では一エーカー（約一二〇〇坪）当たりで、一年間集め続けると約一八トンあった。これをもし地表に同じ高さで敷きつめると約〇・六センチをこえる値になる。また地中にいるミミズの数についても世界中からの報告を集めて推定している。その数はだいたい一エーカー当たりほぼ五万匹ぐらいであろうとされた。

大地が変わるのはミミズの意図のせいではない

ダーウィン説の正しさは二〇世紀の研究が確認している。

二〇世紀になってからの世界中での調査は、インドの草地のようなミミズの数の少ないところでも一平方メートル当たり六四〜八〇〇匹、ニュージーランドの牧草地のような多いところでは最大で一平方メートル当たり二〇〇〇匹ものミミズがいることを確認している。ミミズはダーウィンの予測よりも多い数で、地球上のいたるところで地中で生き、糞を地上に出している。

一九四〇年代のアメリカ農務省の研究は、ミミズが一エーカー当たり一年で約五〇トン以上の糞をするとしている。ミミズが身体を通過させ糞にするのは、ミミズの動きに影響される土のわずか五%にすぎないという。だからこの場合ミミズが一年間動き回ってかきまぜた土の量は一〇〇〇トン！にもおよぶことになる。ミミズはどこでもダーウィンが予想した以上にすごい力で「大地をかきまぜている」。

短期間では非常にわずかの変化しかもたらさないミミズの行動が、長い時間をかけると、火山の運動のような「地質学的力」を持つ。結果として地球の表面を変化させてしまう。このことにダーウィンが一人で気づいて興奮して学会に発表したときには、まだ誰もミミズのこの力を本当には信じられなかった。ダーウィンだけがミミズの本当のすごさに気づけた。直観が長い長い観察の結果、もはやゆるぎない事実になっていた晩年に、ダーウィンはつぎのように書き残した。

広い芝生の生えた平地を見るとき、その美しさは平坦さからきているのだが、その平坦さは主として、すべてのでこぼこがミミズによって、ゆっくりと水平にさせられたのだということを思い起こさなければならない。このような広い面積にある表土の全部が、ミミズのからだを数年ごとに通過し、またこれからもいずれ通過するというのは、考えてみれば驚くべきことである。鋤《すき》は人類が発明したもののなかで、最も古く、最も価値のあるものの一つである。しかし実をいえば、人類が出現するはるか以前から、土地はミミズによってきちんと耕され、現在でも耕されつづけているのだ。

ミミズの化石は四億年以上前の地層から発見される。ミミズの営みは、人間が誕生するはるか前から営々と続いてきた。人間がこの地球に登場するはるか前に、ミミズという、土を食べ、大地をかき回し、その表面を糞で肥沃な土地に変える動物を自然が生みだした。その微々たる活動がしだいに蓄積して、植物、動物、すべての生きものの生活の場をつくりあげた。ぼくらはその上を歩いている。

偶然に開始され、膨大な時間をかけて進行していることがある。というのはいうまでもなくダーウィンの進化論のモチーフの一つだ。この世界のすべての場所で起こっていることは、ミミズによる大地の形成のようなことである。それはあらわれてしまうまでは、だれの眼にもふれない無言の変化である。しかし変化しないものはない。この世界にあることのすべてが変化の途上の姿なのである。つまりこの世界には変化しかない。

もう一つ、ダーウィンの進化論は「変化（進化）には目的も方向もない」ということをその主張の最大の中心にしている。

生きものが「何かのために」生きている、などという言い方は、生きものの行為の結果を観察した人間が見たことを表現するために、かってに後からした説明にすぎない。ミミズは地球の表面を変える「ために」生きているわけではない。彼らの生の結果が、大地を変えただけだ。生きものの行為の結果を見て、それが生きものがその行為をする原因であった、つまり行為に目的があるなどと考えるのは、ぼくらがよくしてしまうあやまちである。ぼくらが目的とよぶようなことをもって生きているものはいない。なぜなら、もし生きものに起こる変化が、あらかじめなんらかの方向に傾いていたら、自然がおこなう選択はその創造性をうばわれてしまう。自然がすることは、ぼくら人間が「意図」とか「目的」とよんでいることを越えている。自然に起こる変化は「ただ変わる」とでもいうしかないことだ。だからこそ自然なのだ。

ダーウィンは固定しているように見えるものも、つねに無目的無方向に変化しているという進化論のモチーフを、ミミズについて書いた生涯最後のコンパクトな本で、ぼくらにつたえようとしたのである。ミミズの本には発表の直後から現在まで誤解されつづけてきた進化論で、ダーウィンが言いたかったことのエッセンスがわかりやすく示されている。

「わかりやすい説明」を信用しない

さて、本題に入ることにしよう。『ミミズと土』にはダーウィンの「心理学」がほのみえる。それをたぐりよせてみよう。

ミミズの活動による大地のありのままの変化を長い時間をかけて観察したダーウィンはミミズの行為にもありのままを見た。七章構成の『ミミズと土』の前半の二章には「ミミズの習性」についての周到な観察報告がある。そこには生きものの行為の原理についての発見がある。

ミミズの感受性

第一章にはミミズの感覚能力について書かれている。

ミミズの体は一〇〇～二〇〇のまるい節でできている。筋肉組織はよく発達しているが、人間の眼や耳のような感覚器官はもたない。最初、ダーウィンは眼のないミミズは光を感じないだろうと考えていた。容器で飼っていたミミズをろうそくの光で照らしてみても、逃げなかった。しかしよく観察すると、彼らは光に反応していた。一二回に一回の割合にすぎないのだが「満月よりも明るい程度の弱い光」を落とすと、ミミズがすぐにトンネルの中にもぐりこむことが観察された。どうやら眼がないミミズはまったくの盲目ではない。どこで光を感じているのだろうか。頭のところが一番反応がよいようだ。ろうそくの光をレンズで先端部に集中させると、たしかに反応はより確かになった。六回に五回は反応した。ためしにここを覆ってみると、光にはまったく反応しなくなった。

反応はミミズが光をあてられるときに何をしているのかということでも異なっ

た。落葉を食べているときや、交尾の時には、何時間も光を照射されてもまったく平気で、無反応であった。どうやらミミズの光への反応は、いつも同じように引き起こされる反射ではない。ぼくらが注意とよんでいるようなことに似ている。

音ではどうか。耳のないミミズは空中を伝わってくる振動には反応しない。バスーンやピッコロの音を「聞かせても」無反応であった。しかし地面から皮膚に直接伝わる振動にはすばやく反応する。たとえばピアノの上のポットにミミズを入れて、鍵盤を一つポーンと叩くとすぐに巣穴にもぐった。

味や匂いもしっかりと識別している。食物への選択性がある。生の肉を穴のそばに置いても無視するが、その肉が腐りはじめるとすぐに見つけて食べはじめる。いろいろな葉の中でセロリをもっとも好んで食べる。

ミミズは、接触にたいしては非常に敏感で、息をそばで吹きかけるとすぐにトンネルにもぐる。からだの先端部分をまるで触角のようにくねくねとあらゆる方向に動かして移動する。肺のような呼吸のための特別の器官がないミミズは皮膚だけで息をしている。ミミズの生は「半水生」といわれるが、呼吸のために、皮膚のしめりけをある範囲に保っておくことは死活問題である。皮膚が寒さや乾燥でかわいてしまえばすぐに死ぬ。だから皮膚の湿気を守るためにミミズはさまざまな工夫をしている。ダーウィンはミミズが身体の湿気を保つための工夫の一つを観察した。それが重要な発見を導いた。

穴ふさぎ行為の観察

ダーウィンの家があったダウン村では、ミミズは巣穴を、葉、葉柄《ようへい》、花弁、腐った小枝、羽毛、羊毛、小石など種々の物でふさぎ、夜の寒気で乾燥してしまわないようにしていた（図2―2）。ダーウィンはこのミミズのやる「穴ふさぎ」に目をひかれた。何年もかけることになる観察をはじめた。

まずはじめに彼は英国に自生している種の枯れ葉二二七枚を、ミミズのトンネルの出口から引き抜いた。一八一枚が葉の先の細くなっているところから、二〇枚が先よりは広い葉の枝につながっている基部から、二六枚がぐちゃぐちゃに折られて葉の真ん中から引き込まれていた。つまりミミズは葉の細くなっている先端部を好んで引き込んでいた。ミミズは葉の「何か」を識別していた。

もう少し細かく見た。二二七枚の葉の中には、広い基部と細い葉先がくっきりと対照をなしているシナノキの葉が七〇枚あった。この葉では、五五枚が細い先端から引き込まれ、基部から引き込まれているのはわずか三枚だった。残りの一二枚は葉の真ん中が使われていた。

図２－２　葉による穴ふさぎ（新妻昭夫『ダーウィンのミミズの研究』福音館書店を参考に作成）

つぎに葉の先と基部の幅がほぼ同じであるキングサリの葉を調べた。七三枚のうち、四六枚が先端から、二〇枚が葉の基部から、七枚が真ん中から引き込まれていた。基部から引き込まれる割合がシナノキよりも多くなっていた。シナノキとは逆に先端の幅が基部の方よりもやや広いシャクナゲの葉九一枚では六〇枚が基部から、三一枚が先端から引き込まれていた。

他にも種々の葉を調べてみた。結果はだ

いたい、葉の細くなっているところが他の部分よりも高い割合で穴ふさぎに利用される、とまとめることができた。幅の狭いところというのは、おそらく小さなミミズの穴に引き込みやすいところだろう。つまりミミズは葉の穴に引き込みやすいところを偶然以上の確率で利用していた。

針のようにとがった葉が基部で接着している、V字形のマツの針葉がある。ミミズは口が小さいので、一度に二本針葉をくわえることができない。また、もしミミズが二つに分かれている針葉の片方の先をくわえて穴に引き込もうとすると、もう一方の針葉の先が穴の入り口の周囲に引っかかってしまう。さらに分かれた針葉の部分は二本がくっついている基部よりも細いので、そこを使って穴をふさごうとすれば、よりたくさんの葉を引き込まなくてはならないことになり手間がかかる。このようにいろいろと悪条件が重なるので、マツの針葉の二本に分かれた先端部分はおそらく穴ふさぎにふさわしくない。

たしかにそうだった。ダーウィンはフィールドで大量のマツの針葉をミミズの穴から引き抜いたが、案《あん》の定《じょう》ほんのわずか、二、三の例外を除いて、ほとんどの針葉ではそこで二つの葉が接着している基部の太い部分から穴に引き込まれていた。

マツの針葉の先端はとがっていてふれるとチクリと痛い。ひょっとしたらミミズも針葉の先端に皮膚がふれると痛いので、そこを避けて基部を利用しただけなのかもしれない。そこでダーウィンは針葉五七本の先端のとがっている部分をわずかに切り取って、ふれても痛くないように丸くけずった。そうしてふたたびフィールドにばらまいた。この場合も、五七本すべての葉は基部から引き込まれた。先端の方がふれると痛いということは基部の選択には関係なかった。

穴ふさぎは反射ではない

ミミズはどのように葉を識別しているのだろう。まず考えられるのは、ミミズが葉の特定の部分だけにある「接触刺激」や「匂い刺激」などをきっかけとして、反射的に葉をくわえて引き込む一連の行動を起こしているという可能性である。ミミズには穴ふさぎ行為が本能的にプログラムされており、この固定していつも変わらない反射行為の系列が、ある決まった刺激に出会って引きがねを引かれたようにはじまるという考え方である。

いくつもの事実がこの「刺激—反射説」を打ち消した。ミミズが葉を利用するところをダーウィンは息子と一緒に観察した。たしかにあたかも刺激—反射とよべるような、葉をくわえるやいなやそれをすばやく穴に引き込む行為も観察された。しかしこのような特徴をもつ行為はごく一部であった。ミミズはある時には、すぐには引き込まずに、たくさんの葉を集めて穴の入り口のそばに置いておくようなことをした。またある時には、棒立ちになって葉をつかみ、葉の全体を折りまげてからトンネルに引き込むというようなことをした。また一度しっかりとくわえた葉を、わけなく途中で放してしまうような場合もあった。要するによく見てみると葉にたいするミミズの行為は多様であった。きまりきった仕方で葉を引き込んではいない。

刺激—反射説を否定するもう一つの観察結果がある。行為は環境の状態によって変化した。

ダーウィンは暖かく、湿った室内のポットに飼っているミミズのそばに、マツの

V字の針葉をまき、一晩して穴に引き込まれていた四二本の針葉を調べてみた。さきに述べたように、寒い外気の下ではすべてが基部から引き込まれた。しかし暖かい室内では、外気ではまったく利用されなかったとがった先端から引き込まれるケースが四〇%の一六本もあった。暖かく湿った環境下では穴ふさぎは「いいかげんになる」。この事実も一定の刺激が一定の反射を引き起こしているという説と矛盾した。

だいいちフィールドを見れば、ミミズは枝屑や、毛や、石など、そこらに落ちているありとあらゆる物を穴ふさぎに利用している。ダーウィンはミミズが三四個の小さな石を用いて、穴の入り口にドームを築いたことも観察している。これら多種多様な物に反射を引き起こす同一の刺激があるわけがない。

どのような行為を「本能的反射」というのか、その定義は難しい。しかし、もしそれが、ぼくらが息を吹きかけられたときに、あわてて眼を閉じる、膝をたたかれたときにおもわず膝から下をはねあげてしまうというような不可避にあらわれる行為を指すのならば、それはミミズの行為の特徴ではない。ミミズの行為はあくまで柔軟だった。

ぼくらは「下等」とよばれる動物の行為にたいして、ついこの「刺激―反射」という図式をあてはめてしまう。たとえばつい最近まで、カエルは自分のまわりを移動する小さな虫の動きに反応して、反射的に舌を出し、捕食するという説明が信じられてきた。一九七〇年代にある研究者が、カエルの脳の視覚野にこのパタンを認識する複合細胞を発見したと発表して、この「反射説」は教科書にも載った。たしかに小さな餌を食べるヒキガエルの場合、その捕食行動は、シンプルで機械的に見える。しかし九〇年代になっていろいろな大きさの虫を食べるアカガエルを観察した研究は、図2―3に示されるように、カエルが食べ物に応じて、その舌の動きや口の開け方、からだの接近のさせ方など食事の姿勢を毎回微妙に変えていることを示した。おそらくどんな動物のどんな行為も、よく観察すればこのような柔軟さを持っていることはまちがいない。

ダーウィンは動物の行為を機械の動きにたとえることが大きらいだった。彼は自分の眼で、ミミズの動きが、いつも同じようにしか動かない機械の動きとは異なる

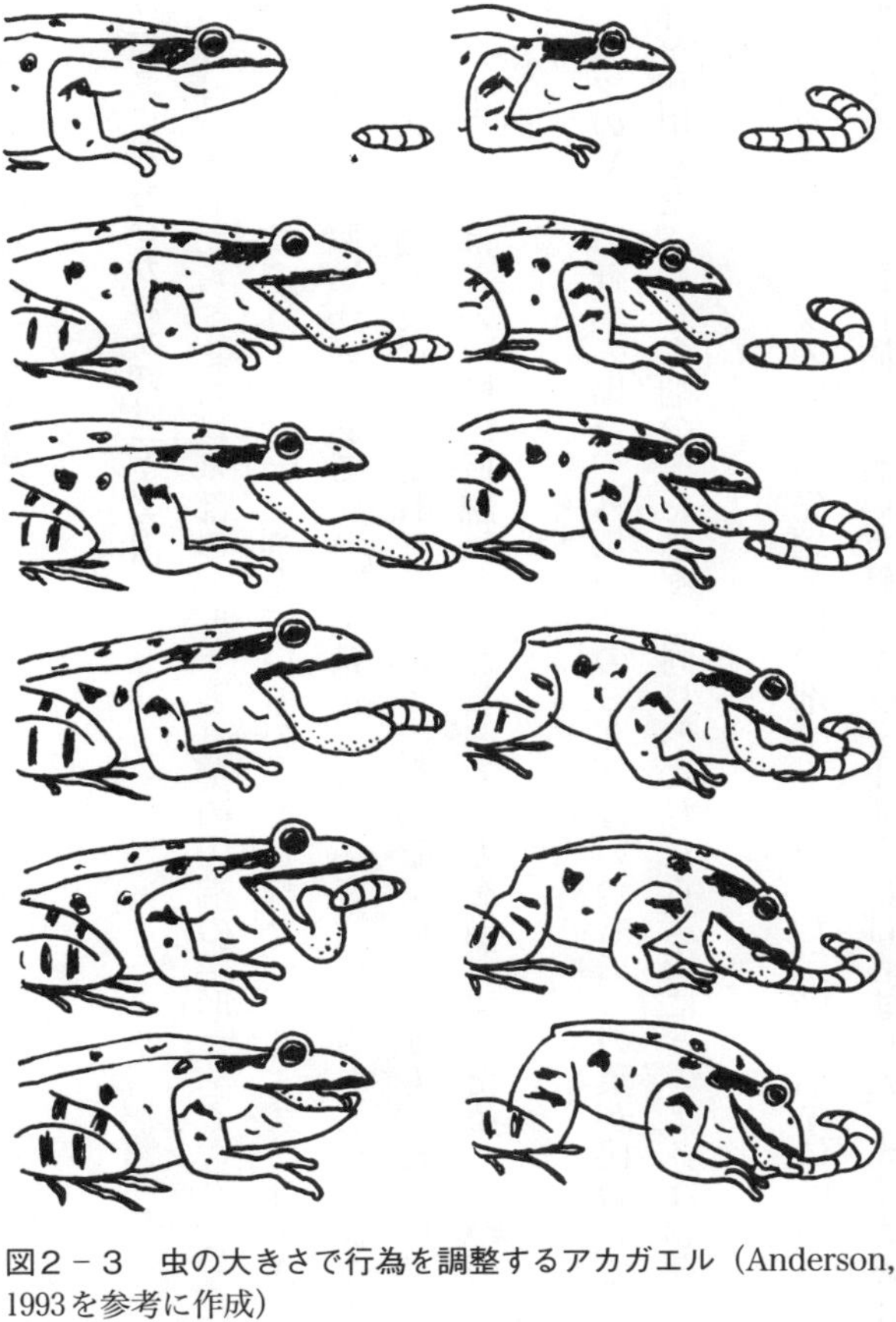

図２－３　虫の大きさで行為を調整するアカガエル（Anderson, 1993を参考に作成）

ことを確かめることができた。

概念にみちびかれた知覚でもない

ひょっとしたらミミズは基部の「形」と針葉の先端の「形」をくらべて、穴ふさぎに利用しやすそうな「形」を選んでいるのかもしれない。ミミズには小さいとはいえ神経節（脳）が頭にある。ミミズはそこに穴ふさぎにふさわしい「概念」のようなものを記憶していて、それにしたがって行為しているのかもしれない。

ダーウィンはこの「概念仮説」とでもよべることを検討するために一つの実験をした。

マツのV字の針葉の場合、外気の中のミミズはいつも二つの葉が接着している基部を利用した。もし先端の形を基部と同じ形にしたら選択にどのような影響がでるだろう。

ダーウィンはマツの針葉の先端を接着剤でくっつけた。接着剤の匂いが消え、味がなくなるまで数日置いておいて針葉をフィールドにばらまいた。たくさんまいたうち一二一本の針葉がミミズによって使用されたけれど、そのうち接着した先端が使われたのはたったの一三本にすぎなかった。

匂いや味に敏感なミミズは、接着部に微妙に残る接着剤の匂いを嫌ったのかもしれない。そこでこんどは細い糸で先端をきつくしばってみた。この針葉の一五〇本が穴に引き込まれた。そのうち糸でむすばれた先端から引き込まれたものは二七本にすぎなかった。

たしかに自然な針葉では一〇〇％が基部から引き込まれたことを考えると、先端の形を基部とほぼ同じにすることにはいくぶんかは認識行為に影響した。しかし、両者の形を同じにしても、あいかわらず基部が先端より高い割合で利用された。どうやらミミズがマツの基部に識別していたことは、ぼくらが形とよぶことだけではないようだ。

ミミズが引き込むものについて形のような一様な性質を概念としてもっていて、それにしたがって、つねにそれに一致するものを選択しているという仮説は他の観察によっても否定された。

ミミズは細長い葉の柄（葉が落ちて柄だけになったところ）も穴ふさぎに利用する。この場合には先端と基部の両方がうまく利用されている。一般に葉柄が利用される土地は固いところが多い。そこにある穴に引き込むためには引き込む柄も固くとがっていた方がよい。実際にも柄のとがっている先端が利用されるケースが多かった。三〇〇本以上の、穴にささっている葉柄を調べたところ、八〇％では柄の先端が、残りの二〇％ではやや太い基部から引き込まれていた。

ところがこの柄の先端と基部の利用の比率は、それがおこなわれる土地の状態によって変化した。芝生や花壇のような、土がやわらかくそんなに細くなくても柄を容易に引き込めるところでは基部から引き込まれるケースが四〇％近くにまで増えた。利用される柄の性質は、土地のやわらかさというような性質との兼ね合いで決まっている。最初から「細い」というようなことが、利用しやすい形として決まっているわけではないのである。

ダーウィンはたいがいの場合、おそらくまず太い基部を何本か引き込んだ後に、さらに穴の入り口にしっかりとふたをするために細い先端を引き入れるのだろうと書いている。形だけではなく、太さのようなことについても、特定の基準のようなものを前もって知っていて、それに合う物をミミズが探しているわけではない。使われる柄の性質は、穴ふさぎがどのような場所でおこなわれるのかと同時に、目下の作業が穴ふさぎのどの段階にあるのかといったようなことによっても影響されているというわけである。

さきに三四個の石をつんで穴をふさいだ例について述べたが、ミミズが利用するものはじつに多様である。このような多様な物の選択が、「形」や「太さ」のような一定の次元にそっておこなわれているとは考えにくい。

もしこれらの次元についての「知識」を物の識別に先行して持っていて、それによって形や太さを探すようなことをやるのだとすると、ミミズは自然にあるとことん多様な物の前で、それらにある多次元的な性質を知識に照らして吟味することに、長い時間をかけてしまうことになるだろう。たまたま出会った一つ一つの物を概念によって解析している、幾何学や物理学の知識を豊富にもったロボットを想像してほしい。おそらく解析に時間がかかりすぎて、ミミズは最悪の場合にはひからびて死んでしまうことになる。行為のためにマニュアルをもつことは不便なのである。

試行錯誤でもない

ミミズの行為は反射ではない。概念にしたがう行為でもない。とすると次に考えられるのは、ミミズがいきあたりばったりいろいろな物を穴に引き込んでみて、結果として穴に引き込めた物を利用しているという可能性である。この「とりあえずやってみて結果にまかせる」という方法は「試行錯誤」とよばれる。「試行錯誤」で葉を選別している可能性を確かめるために、ダーウィンは一つの実験をした。

硬めの便箋で作った人工葉をたくさんフィールドにまいた。人工葉の形は底辺が一インチあるいは〇・五インチで、斜めの等辺が三インチの二等辺三角形だった。しばらくしてからミミズが利用した三〇三枚の人工葉を穴から引き抜いてみた。自然の葉と同じように、大部分（一八九枚）は細くなっている三角形の先端部分が利用されていた。それは真ん中をくしゃっと折り曲げて利用するケース（四五枚）

や、幅の広い底部の角を利用するケース（六九枚）よりも多かった。

試行錯誤説を検討するために、ダーウィンは先端から引き込まれた一八九枚から八九枚の人工葉を選び、ヘリのところを詳しく見た。

ミミズはかなり強い力でくわえる。紙ならばくわえられた部分はくしゃくしゃになる。またミミズがくわえると、水で洗っても落ちないほどの分泌物の跡が残る。八九枚の先端から引き込まれた人工葉の周りに、このミミズがくわえるとできる痕跡を慎重に探した。先端以外の部分に接触の痕跡があったのは、八九枚のうちのわずかに二一枚、四分の一以下だった。

つまりミミズの口は大部分の場合に、はじめから人工葉の穴ふさぎしやすいところを利用していたことになる。試行錯誤の過程がミミズの行為を改善する可能性はもちろんある。しかし「行為の結果が行為を変化させる原理」だけではミミズの行為は説明できない。

ミミズには知能がある

反射、概念にしたがう行為、試行錯誤。一九世紀においてもすでに、行為についてはこれら三種の説明が代表的であった。その事情は残念ながら現在においてもほとんど変わっていない。だいたいこの三つの説明を使い分け、組み合わせてきたのが、行為の理論の歴史である。素人から専門家といわれる人まで多くの人がこれらの枠組みで行為について話し合っている。

ダーウィンは、これらの常識がかならずしも動物の行為の本当を言いあてていないことを知った。そして彼は「たった一つの代案だけが残る。すなわち、ミミズは体制こそは下等であるけれども、ある程度の知能をもっている」と結論した。

動物の行為の柔軟性は人間が考えだした説明の枠組みを越えていた。ダーウィンはそのすごさを知って、偏見なしにそれを「知能」とよばざるを得ないと考えた。彼は眼で見ること、つまり観察が人間が考えだす説明の枠をいつも越えてしまうことをよく知っていたが、ミミズの観察でも、眼は常識を越えてしまった。

問題は「知能」という言葉にあるのではない。ダーウィンが見てしまった本当のことがなんだったのかということである。ぼくはこの本でダーウィンが「知能」とよんだことにもう少し姿を与えたい。次の章では、まず手はじめに、ぼくらのまわりにあることについて、まったく新しい見方を紹介することにしよう。

第三章　「まわり」に潜んでいる意味——アフォーダンス

身のまわりに意味を発見する

ダーウィンは「知能」という言葉でミミズの行為に見たことをあらわした。彼の見たことは、ミミズの行為がとことん柔軟で多様であること。しかし柔軟でかつ多様でありながら、環境にあって行為が使えること、つまり今ミミズがふさごうとしている穴にふさわしい物をまわりからしっかりと見つけだしている、ということである。

この二つ、限りない柔軟性・多様性と、環境にあって、今進行中の行為に利用できそうなことを偶然にではなく、ちゃんと見つけだすということは、たしかに「知的だ」と言われている人間の行為の特徴でもある。たとえば山小屋で予想以上の寒気に出会った時、小屋が古くてあちこちに穴があいていたら、ぼくらも持っている衣類や紙類などで、あるいは周辺にある思いもかけない物で穴ふさぎをするだろう。

ミミズの生をかけた行為にくらべれば少しスケールが小さくなってしまうけれども、日常のなにげない行為のほとんどもダーウィンがミミズに見たことに類似している。

たとえば、「かくれんぼ」した時のことを思い出してほしい。ぼくらは子どものころ、鬼の「もういいかい」という声を聞きながら、「まあだだよ」と言って、まわりに「身を隠すところ」を探したもんだ。探されたところは多様だった。木の太い幹の陰、大きな岩の向こう側、その中にしゃがんでしまえば姿が見えなくなる高く繁った草の中、通りの看板の後ろ、川岸、赤いポストの後ろ、車の下、厚いカーテンの中、ベッドの下、扉の後ろ……あげればきりがない。

「身を隠すところ」は場所によって違ったし、鬼がだれかによっても違った。年下の子どもと遊ぶときには、あまり長い間探し出せないと泣いて帰ってしまう。だから小さな子どもでもすぐに探せそうな場所を見つけた。鬼がいつも一緒に遊んでいる友だちの時には、まだ誰も使っていない思いがけないところを探そうとして苦労した。こう考えるとけっこうむずかしい課題だったはずなのに、何の苦もなしに遊んだ。「かくれんぼ」の時には、まわりのいろいろな物や場所が「隠れるところ」だった。

たとえば東京の新宿や渋谷の日曜日。歩行者用に開放された車道やデパートの雑踏の中などでは、疲れはてた子どもや大人がいろいろなところに腰をおろしている。ガードレールの端、路肩、大きな植木鉢の端、階段の隅、柱の少しふくらんだところ、カバンなど持ち物の上、親の膝……「座る」ことに利用されているところを全部書き出そうとしたらきりがない。多様な「座るところ」を人々は柔軟に見つけだしている。

だれでも一度や二度は経験があると思うが、もしビン入りのビールやジュースを飲もうと冷蔵庫から出して、センヌキがないことに気がついたらどうするだろう。部屋中をいろいろ見回して、センヌキに使えそうなところを探す。「あまり広くない幅で、堅い素材でできている溝」がけっこうあることに気がつく。それらのいくつかは「センを抜けるところ」として発見される。

あらゆる動物が環境の中でしている行為を見直してほしい。

夏休みにはカブトムシを飼う子どもが多い。カブトムシのからだを裏返しにひっくりかえしてみる。そうすると、六本の脚をいろいろな方向に動かして必死に起き上がろうとする。脚の一本（たいがいは長い後ろ脚）が「タタミのへり」や、「うちわの端」や、「タオル生地」などのひっかかるところにふれるやいなや、カブトムシはすぐにそこを支点にしてからだをくるりとまわして起き上がる。見ているとカブトムシはいろいろな物に姿勢の転換に使えるところを柔軟に発見する。割り箸をひっくりかえったカブトムシの腹の上に置いてみる。カブトムシはまず六本の脚で抱きつき、するすると箸の端が頭の位置にまでくるように箸を動かす。そして頭の上と床の両端で割り箸がつくる傾きをテコのように利用して起き上がる。シソの葉を腹の上においてみると、まず葉をしっかりと抱える。そして葉の柄の部分（そこの方が重い）を上になるように、ヨットの帆のようにして高く抱えもち、左右に大きくゆすってその揺れを利用して一気に反転して、起き上がる（図3―1）。

図3－1　シソの葉をゆらして起き上がるカブトムシ

カブトムシははじめて出会った、種々の物に

「起き上がるために利用できること」を柔軟に探して使う。このような観察を続ければ、カブトムシが起き上がりに利用するところがどんどん増えるだろう。使う物によって起き上がりまでの行為はまったく多様である。しかし、いろいろなところに起き上がりに使えるところをちゃんと探し当てる。

ぼくら人間を含めてあらゆる動物がこの世界でしていることは、原理的にミミズの「穴ふさぎ」と同じである。人間もミミズもカブトムシも、今している行為が利用できることをまわりに探し続けている。そういう存在なのだ。

ぼくらの行為はどんな場合も、反射のように固定してはいない。行為はとことん多様である。だが、けっしてランダムに起こらない。際限のない試行錯誤なんかしてはいない。また行為についての完全なマニュアル（プランなどといわれている）はもっていない。ミミズが穴ふさぎに使ったこと、カブトムシが起き上がりに使ったこと、ぼくらがかくれんぼに使ったことは、こういうものですというふうに「絵」には描けない。それは発見されるまでどのようなことであるか予想できない。「反射」「試行錯誤」「概念」という既成の枠組みでは、行為だけにある創造性が説明できない。

ぼくらを取り囲むところには行為が利用できることが無限に存在している。これら環境にあって行為が利用していることを「行為だけが発見することのできる意味（これからこの本では意味という時にはこれをさす）」とよぶことにしよう。おそらくぼくらの行為がこの環境の中でしていることは、環境にあってぼくらを取り囲んでいる多様な意味を柔軟に探し当てることなのである。辞書に載っていない、名前のついていない、行為だけが知っている意味がある。

一九世紀にこの世界で起こる「変わり続けているありのままのこと」にだけ興味があったダーウィンという男は、ミミズの行為にもありのままを見た。彼はそのことがぼくらが「知能」とよんでいることと同じであることに気づいたが、特別な名前をつけたわけではない。しかし、観察のあげく、どうやらだれも気づかなかった行為の本当のことを少しは知った。

アフォーダンスということ

そして二〇世紀。一人のアメリカ人の心理学者が、これも生涯をかけて、再びこのありのままの行為の原理にふれることができた。この男が本書の二人目の主人公である。その名前をジェームス・ギブソン（一九〇四―一九七九）という。彼はダーウィンが見ていたこと、つまり環境にあって行為が発見している意味にはじめて独特の名を与えた。

アフォーダンスである。

英語の動詞アフォード（afford）は「与える、提供する」などを意味する。ギブソンの造語アフォーダンス（affordance）は、「環境が動物に提供するもの、用意したり備えたりするもの」であり、それはぼくらを取り囲んでいるところに潜んでいる意味である。ぼくら動物の行為の「リソース（資源）」になることである。動物の行為はアフォーダンスを利用することで可能になり、アフォーダンスを利用することで進化してきた。

たとえばギブソンはこんなふうにいう。

「陸地の表面がほぼ水平で、平坦で、十分な広がりをもっていて、その材質が堅いならば、その表面は（動物の身体を）支えることをアフォードする」、「我々は、それを土台、地面、あるいは床とよぶ。それは、その上に立つことができるものであり四足動物や二足動物に直立姿勢をゆるす」。つまりぼくらが地面とよぶところにあるのは「土」や「岩」という名前がつけられているが、それらは動物にとっては身体を「支持する」、その上を「移動する」などのアフォーダンスであるというわけだ。

水は、ぼくらに対して呼吸作用をアフォードすることはない。水は飲むことをアフォードする。水には流動性があるので、容器に注ぎ入れることをアフォードし、溶解力があるので洗濯や入浴をアフォードする。水の表面は密度の高い大きな動物に対する支えをアフォードすることはない。水は、ぼくらにとっては「喉の渇きをいやす」、「容れ物で運搬する」、「汚れを落とす」、道具なしにはその上を「移動しない」、あるいは道具を利用してその上を「移動する」などのアフォーダンスの集合である。水にはかなりの時間をかけなければ発見できない「泳ぐ」など、もっとたくさんの、ここには書きつくせないほどのアフォーダンスがあるだろう。

このようにして周囲にあることに行為が発見していることを定義しはじめると、そこは動物の行為にとって潜在する意味の海であることに気がつく。行為は何もない「空間（スペース）」ではなく、アフォーダンスの充満しているところ、すなわち「環境」でおこなわれている。何もない「空間」というのは人間が考え出した「抽象的な容れ物」である。そんな「空間」はどこにもない。サンゴもミミズもカブトムシも人間も何もない「空間」にいるわけではない。

ギブソンは、行為の周囲にあって動物たち（個体群）に共有されている意味からはじめる「生態心理学（エコロジカル・サイコロジー）」という、まったく新しい心理学を思い描きながらこの世を去った。生態心理学の中心にあるアイディアは、エコロジカル・リアリズム（生態実在論）とよばれる。それは生きもののまわりに潜んでいる生きものにとっての意味をまず第一に考え、それを中心にして動物の知覚や行為について考えてみようという主張である。

アフォーダンスは意味といっても人間が考えだしたものではない。辞書の中に名前をつけられて並んでいる「意味」ではない。それは環境に実在（リアル）している。それには地面や水にぼくらが発見する意味のように、動物一個体の生の時間を越えて存在することもある。個体を越えているといっても個々のアフォーダンスは、ある個体がいつか環境にそれを発見しなければあらわにならない。だからアフォーダンスは潜在する意味である。動物の個体の群れの生の活動を支えている資源（リソース）である。

アフォーダンスはフィジカルであり、バイオロジカルでもあり、サイコロジカルなことである。物であり、生きものに関係しており、そしてぼくらが「こころ」とよんでいる環境と行為との関わりのプロセスの中心にあることである。生態心理学をはじめることは、だから、物理学と生物学と心理学との間に今ある高い垣根を越えようとすることでもある。

ダイレクト・パーセプション

ギブソンが考えたことは、生きものの行為について考えるためには、生きものだけから発想していてはだめだ、ということだ。ギブソンはダーウィンと同じように、サンゴやミミズがしていることはそのまわりに起こっていることと一つのこととして考えなければわからないと考えた。生きもののしていることをわかるためには、生きものがどのようなところで、何に囲まれて生きてきたのか、生きているのかを知らなくてはならない。

ギブソンは生涯に三冊の本を書いた。彼は一九五〇年代の後半に、アフォーダンスと言いはじめた（ギブソンがアフォーダンスを発見するまでの軌跡については、拙著『アフォーダンス——新しい認知の理論』岩波科学ライブラリーを参照してほしい）のだが、生きもののまわりにあるのはアフォーダンスだということにはっきりと気づいてから書かれた二冊の本は、ともに生きものが、どのように世界について知るのかという問題、つまり心理学でいうところの知覚について書かれた本でありながら、書き出しは、ぼくら生きものを取り囲むところについての記述からはじめられている。彼は知覚の本を、知覚からではなく、環境から書きはじめた。

ギブソンは動物の行為が利用するアフォーダンスを特定（specify）しているこ

とが環境に存在すると考えた。このアフォーダンスを特定することを「生態学的情報（情報と略す）」とよんだ。情報とは、ここ数世紀間に物理学が発見し、単位を決め、生理学が環境から感覚器に入力するものであるとした環境の単位、つまり「刺激」とよばれていることとは基本的に無関係である。ギブソンは眼や耳や皮膚などの感覚器の受容細胞が入力する刺激と、ぼくらが環境に知覚し、それによって行為を調整している情報とは異なることなのだ、無関係なのだと言った。

たしかに刺激は感覚受容器に影響を与える。しかしその刺激―感覚印象という事実からは知覚にはいきつけない。何かが皮膚に突き刺さって痛いというところまでは、刺激と感覚印象で記述できる。しかしぼくらが痛みの原因が「トゲ」であるのか、「針」であるのか、「ツメ」であるのか、その意味を知る、つまり知覚するということについては、感覚器官が入力するとされている刺激のように小さく分解された無意味な単位からでは説明できない。そこが伝統的な、感覚刺激に基礎を置く知覚モデルが抱えている困難だった。

一九世紀からの伝統的な知覚のモデルは、感覚器からの入力を脳が処理して「意味」にすると説明していた。つまり「意味」をつくりあげるための特別な仕組みが動物の内部にあると説明することでこの困難を克服しようとした。意味は世界と動物との接触によって直接得られるのではなく、接触したことをどこかで「加工」してつくりだされるとされた。だからぼくらは意味に「間接的」にしかふれられないと思い込まされてきた。どの心理学の教科書も、まず、それ自体には意味が含まれていない刺激を入力する感覚器の仕組みについて述べ、そのわずかな手がかりから豊かな「意味」を構成する「中枢」についての説明をつぎたす方法で、知覚についてモデル化している。

ギブソンはこの「間接的な知覚のモデル」はまちがっていると言った。彼が考えようとしていたのは「無意味を意味にする」あるいは「物質を精神にする」という手品のようなことを、脳の深遠な活動のせいにしてしまう図式をどのようにして克服するかということだった。長い時間をかけてギブソンはぼくらが意味とよんでいることに「直接ふれている」ことを肯定することのできる説明に到達した。

ギブソンは伝統的な「刺激＋中枢」というモデルの抱えている困難を、環境に存在していることについての新たな単位を発見することによって乗り越えた。情報から知覚について考えはじめることで、動物が世界にある意味に直接接触する可能性が肯定できるとした。

世界からの刺激を処理して中枢が「意味」をつくると考える「情報処理」理論にたいして、彼は世界にある意味をそのまま利用する自分の知覚モデルを「情報ピックアップ（抽出）」理論とよんだ。彼はぼくらが世界を「直接知覚（ダイレクト・パーセプション）」していると言った。世界にはそのまま意味になることがある。知覚とはそれを探す活動なのである。

ギブソンが、アフォーダンスがぼくらのまわりにあることに気づいてから最初に世に問うた本、一九六六年に出版された『知覚システムとしての諸感覚（*The senses considered as perceptual systems*）』では、環境にあって動物の行為の進化が利用したことについて、つまりアフォーダンスと、それを特定する情報について、つぎのように書かれている。

地面・水・大気

ギブソンが環境にまず発見したことは、地面と水と大気という三つのことにある新鮮な意味だった。つまりぼくらは独特な意味を埋めこんだ固体と液体と気体と、それらが関係することで起こる多様な出来事に取り囲まれて生きているということだ。

ぼくらのまわりにはいろいろと固いものがあるが、その一つをぼくたちは地面とよんでいる。地面は、水とともに地表の一部を構成している固いものである。固い地面はほぼ平らで、動物の身体を支える。そこを脚で立ったり、歩いたりできる。地面には岩石と土のヒダがある。地面のヒダは光に照明されると独特なキメとしてあらわれる。砂漠や草原はもちろんのこと、地面にはどこにも、そこに特有のキメのパタンがある。このパタンは動物にとっては地面にある重要な情報の一つである。濃い霧の中の灯のように、暗闇にポッと浮かんだ灯までの距離を知ることは困難だけれど、日中で陽があれば、遠くの樹木や小屋や滝や立っている人の大きさや、そこまでの距離を、つまり、そこまでどれくらいかかって行けるかを、自分の立っている地面からのパタンの変化の中に見ることができる。数キロ先でもこれらのことはちゃんと見える。

ヒダがぼくらの下にズーッと連なってあるおかげで、それが光の中にキメのパタンとしてあらわれているおかげで、ぼくらはここから他の場所へと移動する「道」を発見できる。

「固くてヒダのある地面」はまずは固いことでぼくらの身体を支え、そこの上を移動することを可能にしているわけだが、さらに、地面がぼくらに移動を可能にしているという時には、地面にある物にもともと備わっているキメのパタンのような、目や足で識別することのできる意味を、ぼくらがそこで開始する移動行為が利用している。つまり地面には「移動のアフォーダンス」がある。

地上には重力もある。ぼくらは重力によっていつも大地に押しつけられている。重力があることで、骨や筋に力が加わり、脚とよんでいる身体のもっとも下の部分が地面と接触するときに、そこを中心として重力の場でしか起こりえない独特の変形が生じている。赤ちゃんは重力に抗する二足でのバランスをとれるようになるまでに、つまり地面と重力が一体になっている「立つアフォーダンス」を探すまでに、ふつう一年近くの時間をかける。ぼくらは老人の顔の皮膚や身体全体の変形に長い時間をかけた重力による変形を見る。それは「老いのアフォーダンス」の一つである。

地上にはぼくらが熱とよぶこと、つまり電気と磁気の放射によって起こされたことがある。熱は太陽の放射によって起こされたものである。それは地上のたいがいの場所で一日や、季節の単位で周期的に変動している。放射の変化は熱（気温）の上昇と下降をまねき、植物も含めて生きものの活動にも周期性を与えている。

地面の上にはなによりも大気がある。地面の上の大気におおわれているスペースを生活の場としている、ぼくら哺乳類のような動物は、水とくらべて抵抗が少ないこの気体の中で移動するため、魚のように流線型の身体をもつ必要がなかった。水よりは移動のための進化の制約が少なかった。あるいは移動に利用できる多くのアフォーダンスを発見することができた。だから地上に生きてきた動物には多種の脚（肢）が地面と接する身体の下部に創造された。

大気には知覚にとって決定的な性質がある。それは大気がその中で起こったことの振動をつたえるということ、揮発性の物質を放散させるということ、そして光の発散をつくりだすことである。大気にある振動や放散や発散に、周囲に何があるのかを知るために生きものが利用する情報がある。つまり大気はアフォーダンスを特定する情報の媒体である。

ふるえの場

ぼくらのまわりにある大気の流れは情報を含んでいる。その一つが大気をゆする振動からくる波である。

ぼくらを取り囲んでいるところでは、固体と液体と気体がたくさんの種類の接触を起こしている。あらゆる接触が振動を起こす。振動はその発生の源から大気へとつたわり、振動場をつくりあげる。

反射を無視すれば、空気中の振動の場は図3―2のような、振動源からの同心円の「波面（ウェーブ・フロント）」からなっている。波面はどこでもつねに音源か

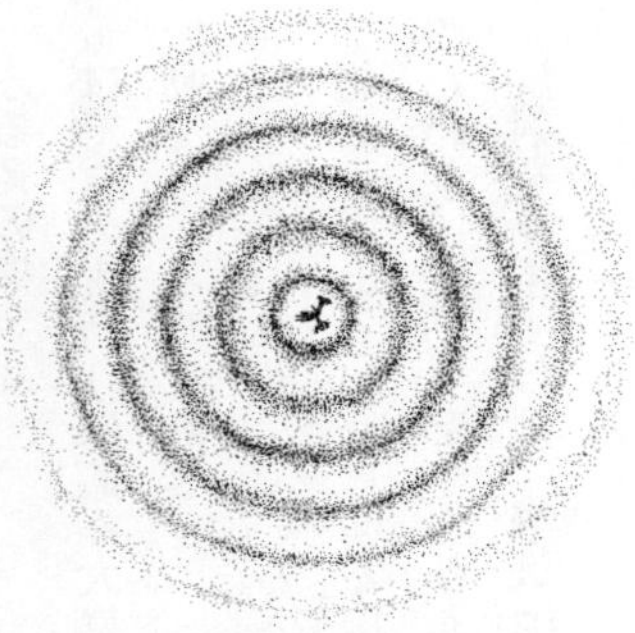

図３－２　虫の羽音のふるえの場
(Gibson, 1966より)

らのびる直線に対して垂直である。ぼくらは波面の方向のわずかの異なりを聴きわけられる。一メートル離れたところに起こった振動の場合、音源の位置が五・八センチ異なるだけで、その違いがわかる。この同心円の波面のつくる振動の場には、どこにも、いくつもの周波数の混ざり合った「波列（ウェーブ・トレイン）」がある。波列は振動が起こったところでの周波数の混合と、その時間的な変化の仕方を保持している。

波面は振動波がどこからやってくるのかについての、波列は振動の源でどのようなことが起こっているのかということについての情報となる。つまり大気のふるえは、「音源がどこにあり」そこで「何と何がどのように接触したのか」ということを特定する情報になる。

ぼくらはこのふるえという情報に取り囲まれている。

振動によって大気がゆすられると、耳があってもなくても、その場にいる生きものの身体はゆすられる。地震はいうまでもなく、なだれや爆発などは遠くまで波をつたえる。これらの波で耳の中の鼓膜がゆすられることを、ぼくら人間はとくに何かを「聴く」といっている。

ぼくらを取り囲むところでは種々の「出来事」が起こっている。それらの大部分が大気を振動させている。出来事によって、振動場の広さも持続もいろいろな種類がある。「開始」と「終了」があるという以外の共通点はほとんどない。どのような出来事でも出来事には、その出来事にしかない固有の振動の仕方がある。独特のはじまりと終わりがある。この多様な出来事を伝えているふるえの情報をだんだんと「聴きわけられる」ようになることで、世界に何が起こっているのかについて知ることができるようになる。

振動の出来事を聴きわける

周囲に満ちている振動の出来事を、少しだけあげてみよう。

まず「固体の変形」。冬に山小屋にいると、木の枝が降雪によってしなり、ついには折れる音を聴くことがある。これは固い物の変形によって起こる振動である。割り箸の両端を両手でもってしならせたときにも同種の変形が起こる。固体の変形の開始と経過（特別なしなりの音）と、終了（折れる、割れる音）は独特なふるえの情報として大気中にある。金属、紙、布など種々の材質のすべてが変形する。材質によってそこで起こる「しなり」と「破れ」の情報は異なる。

世界でもっとも多いのは「固体どうしの接触」である。大工さんが釘を打ちつける音。だれかが階段をかけ降りる音。ボールが地面に落ちてはねる音。車どうしが衝突する音。坂道を車が走る音。先生が黒板にチョークで何かを書いている音。キーボードを打つ指の音。人の手が人のほおをたたく音。ボウリングのボールがレーンをころがる音。車がデコボコ道を走る音。虫の音《ね》とよぶ昆虫の羽などの身体部分の反復される接触……。

図3―3はガラスのビンが床に落ちた時の振動の周波数の時間的な変化を記録したものである。波列にあらわれる周波数の時間的な推移によって、ぼくらはビンが

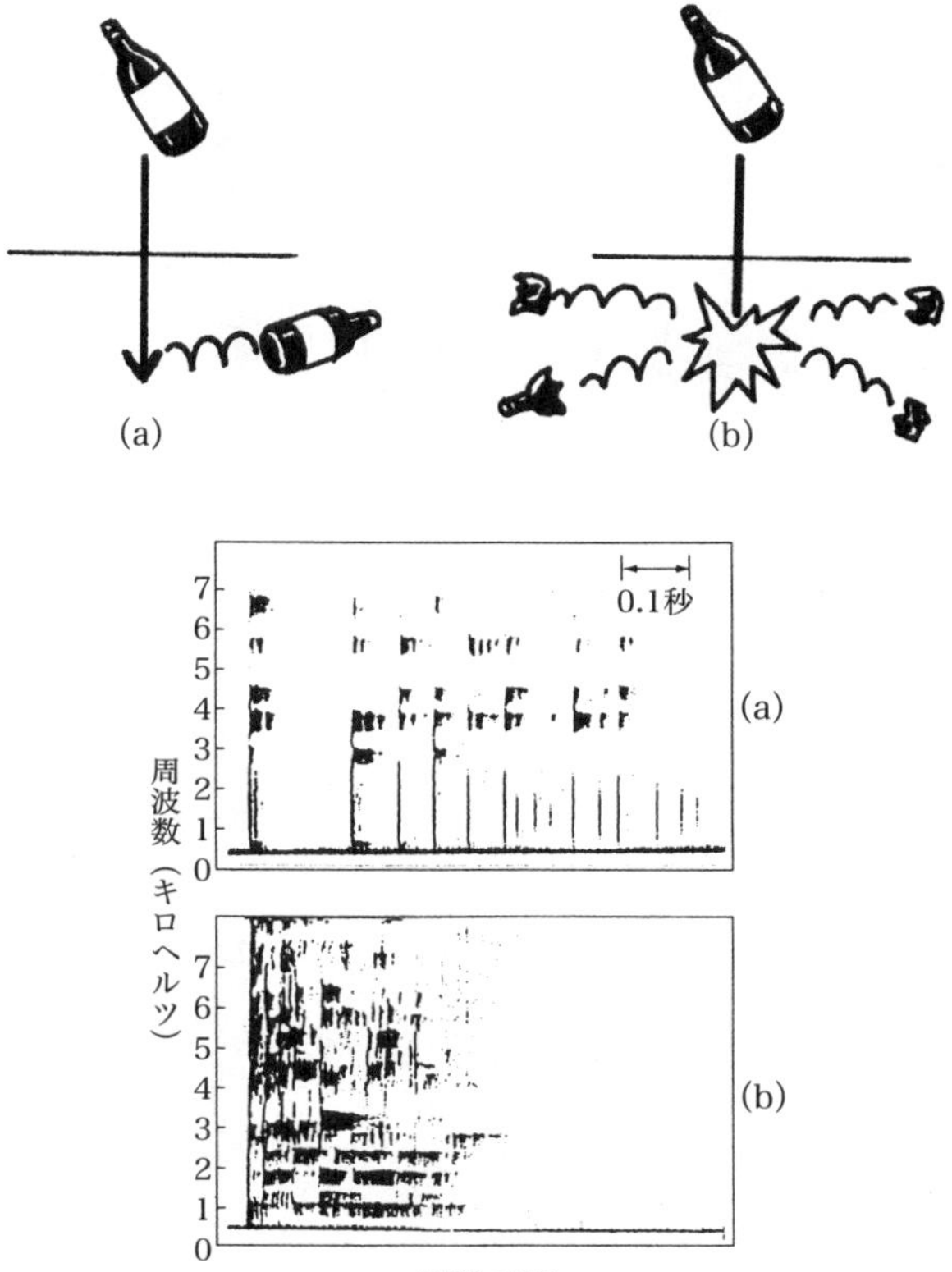

図３－３　ガラスビンがはねたときと割れたときの振動の移り変わり（Warren他，1984より）

「粉々に割れた」のか、それとも床に「ぶつかってはねた」のかを聴きわける。この図にはないが、もしはねていて「ビンの一部が欠けた」ような場合にも、ぼくらはその出来事を聴きわけることができるだろう。

つぎに器に満ちている水がゆれて起こる振動や、湖の表面が風に吹かれて起こる「液体の変形」。瀬戸内海のうず潮は液体と液体の衝突。そして滝や雨や川や海辺の波などは液体と固体の「衝突」。さいごに「気体の振動」。風のように「気体の移動」による振動。上空を飛ぶ飛行機の騒音のように、気体を急速に爆発させて固体を移動させるときの振動。声のように気体（はく息）と固体（声帯）がつくる振動。声を聴いて年齢がわかるなどというときには声帯（筋）と呼気の衝突という出来事から、老化という意味を聴きわけている。おそらく呼気の勢いと声帯の固さが衝突からあらわになる。老いると呼気は弱まり、声帯の筋肉は固くなる。

大気中にある振動は無限である。

もちろんその振動の場にぼくがいなければ、その波に身体がゆすられることはない。進んだヴァーチャル・リアリティの音でも、ぼくらはそう簡単にはだまされない。

い。それが大気のふるえか、それを記録して表現したものか、微妙な差を楽しむ。

また、その振動がどのような出来事によって起こったかを聴きわけることができないうちは、その振動はぼくたちにとって「無意味」だ。しかしその場合でも振動はぼくの身体を潜在的にゆすっている。つまり意味を聴きわけられる前からぼくらの耳を中心とした身体は情報になる可能性をもった振動でゆすられている。

取り囲むところに潜在している大気の振動を利用して行為をコントロールすることができる。

両方の耳への振動の強さが同じようになるようにすること、つまり波面に向かう姿勢をとることで、転がってくる石や悲鳴をあげている人や話しかけている人の方を「向く」ことができる。そのままの状態で振動の強度を強くしたり弱くしたりすれば、音源に近づいたり遠ざかったりすることができる。このように包囲する振動に対して、ある姿勢をとることをぼくたちは「注意を向ける」とか「接近する危機から逃れる」などと言っている。

自動車の修理を職業にする人々は、まず持ち込まれた車のエンジンの振動にふれる。つまりまず音を聴く。振動が弱い場合には、ドライバーの片方の端を振動部分にあて、他の端を耳にあてて振動を顔の側面で「味わう」。どのような振動がどのような故障の徴候であるのかについては、自動車修理を教える学校ではほとんどあつかわない。なぜなら振動の種類が膨大すぎるし、どんどん変化するエンジンの種類にテキストがついて行けないからだという。だから修理を職業とする人は現場に出てはじめて振動の出来事としての多様な故障にふれる。

缶詰輸入の倉庫で働く「打検士」という職業がある。打検士は金属製の「打検棒」で、一日一〇万缶もの缶詰をたたき、「不良缶」を識別している。缶に表示されている重量よりも数パーセント軽い、あるいは重い、「軽量」や「過量」、内容物が腐敗しはじめているかどうか（腐ってしまったものはふくらんでいて容易に発見できる）、中身が分離している「身くずれ」など、「不良」は十数種に及ぶ。打検士は多種の大量の缶をただたたき、「不良缶」の情報をつくり出し知覚する。熟練が進むほど打検士のたてる音は聴きわけやすくなる。彼らは自分の職業を、「音を聴く仕事ではなく、音をたてる仕事」だと表現する。彼らは缶の内側の状態を特定する情報としての振動をつくり出す職人である。

医師は診断の大部分を検査にたよっているが、しかし聴診器を首にかけているし、たまには打診もしてくれる。彼らも人間の「故障」が振動の変化としてあらわれるということを知っていて、その情報を使おうとしている。

放散の雲

大気は窒素（七八・〇八％）、酸素（二〇・九四％）、二酸化炭素（〇・〇三％）、アルゴンやヘリウムなどのガス（〇・九四％）などがきわめて一定の割合に保たれた混合体である。これに水蒸気が加わるが、その比率は大気の容積の五％をこえることはない。大気とはいつでもどこでもこれらの物質の平衡した状態である。

大気には、その構成がほかの場所とはほんの少しだけ異なる、たいがいの場合は目には見えない「島」がある。それは化学的な出来事から起こる放散する物質の「雲」である。多くのことが「雲」の起源になる。たとえば動物。どの動物もその個体がどの種のどのような個体であるのかを特定する拡散した「蒸気の雲」をまわりにただよわせている「香りの場」である。この香りは風によって流れ、雨で消される。動物が移動すると「香りの跡」が大地に残る。植物も香りの雲をたてる島である。植物の雲も植物の種と植物の状態についての情報である。ぼくらは果物の食べごろを手の接触とともにこの香りの雲で識別できる。蜂をひきつけて受粉する植物は特別な香りの雲をたてている。

食べられるか食べられないか、熟しているかいないか、仲間かよそ者か、同種か他種か、子どもか成人か老人か、獲物か捕食者か、生きているか死んでいるか、安全か危険か、などということが香りの雲に情報としてある。その情報が香りの雲の発生源にあることとのアフォーダンスを特定する。

放散の雲は行為をコントロールする。動物は獲物の匂いの方に接近し、おそいかかってくる捕食者の匂いがするときには、その風下に移動する。オスの動物はメスの動物の香りの濃度の勾配によって行為を調整する。獲物を追うためには、香りの雲から流れ出る大気の「わだち」を利用すればよい。化学的放散の利用は大気中だけではなく、水中でも利用される。サケは遡上すべき川に独自な化学的物質の放散の濃度勾配を利用している。

多くの自然の出来事も揮発性物質の場に情報としてある。あらゆる燃焼が煙を生ずる。酸化するものが異なれば異なる煙がたつ。それが鉱泉なのか、火山の噴火口なのか、沼なのか、海岸なのか、森なのかがわかる。大気中の放散の雲に多種多様な情報が潜在している。

光のネットワーク

そして光である。ギブソンは「生態光学」というオリジナルな光学を生涯をかけて考えだした。それはすでにある光の物理学でも、光の幾何学でもなく、この世界に充満していて、生きものにとっての情報となる光についての光学である。彼はこの生きものの光学を「エコロジカル・オプティックス」とよんだ。それは動物がそこで意味を探せる光についての理論である。

まず最初にある光の事実は「発光源からの放射」である。電灯でも、太陽でも、たき火でも、ろうそくでも、熱をおびた物体はエネルギー線を発する。光線がこの光の源から発散し、どこまでも無制限に広がる。これまでの物理学が扱ってきたのはこの光源から放射する光である。この光にも「情報」とよべるものがないとはいえない。なぜならば放射光のスペクトルは、エネルギーを放つ物質の組成が何かをあらわしているからである。分光器という道具を使えば、光を放つ星の構成要素を知ることができるように、放射光にも「情報」がある。しかしカメレオンなどの例外はあるものの、大部分の動物の眼には分光の働きはないので、この「情報」を利用できない。だから放射光は大部分の生きものには情報にならない。生きものの視覚を考えると、放射光は出発ではあっても、そのまま利用されることのほとんどない光の事実である。

光が情報になるためには、放射する光が、環境の表面を構成している物の、無数の微細な構造に出会い、種々の方向に散乱させられる必要がある。環境を構成する表面と表面が向き合っているときには、放射光の散乱は繰り返す多重の反射、つまり「残響」を引き起こす。このように光が表面から表面へと終わることなく跳ね返ることで、環境中が散乱する光によって埋めつくされる。このことをぼくらは環境が「照明」されているという。

環境が照明されたとき、大気（水でもよい）の中のあらゆる位置で、交差する光線の集まるところができる。無限の密度をもつ光の集束点のネットワークができる。この大気中に充満する光のネットワークが情報の媒体になる。

明るいとき、ぼくらはこの光のネットワークの中にいる。明るいあらゆる場所は、そこにしかない独特の光のネットワークがある。そこにしかない個性的な光の集まりの中を移動する者が経験するのは、その移動経路にだけしかない特有の光の集まりのつらなりである。ちょうど大地にあった肌理《きめ》のパタンのように、この光の集まりのつらなりは、そこで起こった出来事の個性を光の事実としてもあらわす。「光の集まりの束とその集合」として照明の事実を考えることで、ギブソンは、見るということが、一人の知覚者だけの一回きりの出来事として起こり、他のだれにも経験できないことだという常識を原理的に打ち破る道をひらいた。経験がだれか一人のことで、それは他者と分かちもたれないという説を哲学では独我論という。

彼は新しい光学をつくることでこの考え方に挑戦した。

もしこの世界に構造のない放射光のレベルの光の事実しかなく、知覚者が網膜から得た刺激を、記憶や知識などを使って中枢で解釈した結果として成立したことが知覚であるとするならば、一人一人の得ている光と、それを加工するために使う経験が、もともと異なる以上、「私に見えていること」と「あなたに見えていること」とが同じだという根拠がどこにもないことになる。放射光から視覚を考える限り、意味は相対的で、個人の構築した物であるということになる。つまり「なんでもあり」になってしまう。

しかし、とギブソンは言う。「たとえば、テーブルから収斂してくる集束光のすべての集合は、視点を変える単一の観察者によっても、視点の異なる多数の観察者によっても採集できるだろう」と、そして「これは単一の移動する観察者が同一のテーブルを見つづけることができ、かつ静止した観察者の群が皆同時に同一のテーブルを見ることができると主張する根拠である」と。

つまり、見えの根拠が、ぼくらの眼や頭の中にではなく、照明の構造にあり、ぼくらがしていることは、その中を動きまわってそこにあらわれる情報を探ることであるならば、ぼくらには他者といつでも知覚を共有する可能性が残されていることになる。個人が見ていることと、集団が見ていることとの境界も越えられる。こんなふうに、光の集合にはじまる光学は「意味の個人主義」を越える。

もちろん照明光の構造にある情報を識別するためには長い時間がかかるだろう。しかし、たとえ時間をかけたアプローチが必要なのだとしても、放射ではなく、照明の事実に出発する生態光学によって、ぼくらは、他者と意味を共有できる可能性を肯定するための「光学的な根拠」をもつことができる。独我論は、哲学によってではなく、おそらく光学によって、つまり知覚によって克服できるはずなのだ。

すべての光の集まりの束が埋めこんでいる構造はどれも、視覚がそこに何かを発見するための永続的な可能性として存在し続けている。

包囲する光の構造

この光のネットワークの中に一つの場所を考えてみる（図3―4）。だれかがそ

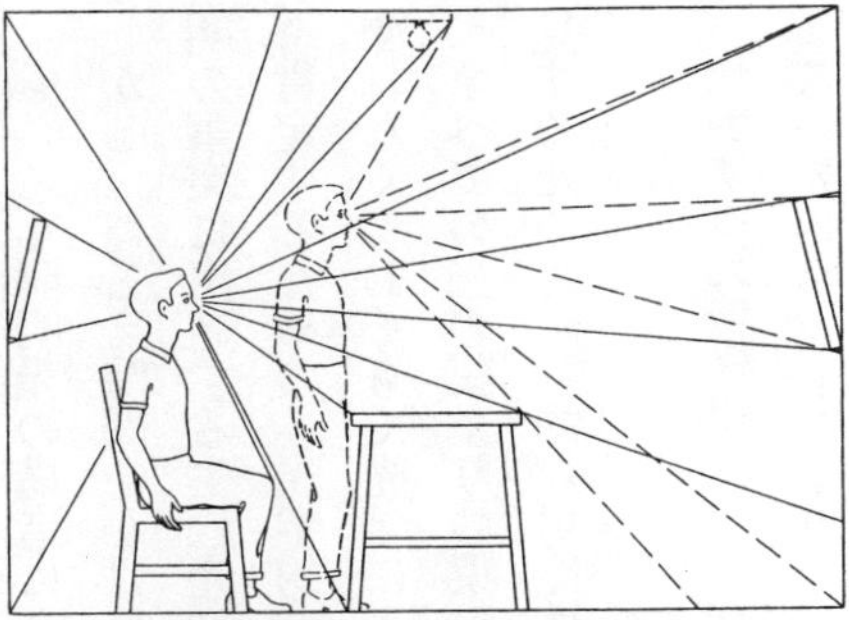

図３－４　観察者を包囲する光（Gibson, 1966より）

こにいると考えればよい。この場所は光によって包囲されている。ギブソンはこのようにあらゆる場所を取り囲んでいる光を「包囲光（アンビエント・ライト）」とよんだ。

包囲光には放射光にはない重要な性質がある。包囲光はまわりにある面の状態にそのあらわれを依存しているので、方向によって差異がある。包囲光は差異の構造をもっている。ギブソンは構造ある包囲光を「包囲光配列」とよんだ。「配列（アレー）」というのはパタンのことである。

包囲光のパタンとその変化はいろいろなことを特定する情報になる。第一にそれは表面の肌理の状態を特定する。たとえばぼくらが「色」とよんでいるものは、環境の表面をなしている物の表面の肌理のパタンである。表面を構成する肌理の構造の変化が色の変化としてあらわれる。動物の老化や病気は皮膚や毛の表面に独特な肌理の変化としてあらわれる。植物の葉の状態、岩石の風化の程度（こわれやすさ）、火で燃えた木の炭化の程度、鉄の酸化の程度（強さ）、食物の食べごろ（魚のイキや果物の熟れ具合）など、すべてが表面の肌理の構造としてあらわれている。それらは微細な光学的配列に情報として存在している。この情報が物のアフォーダンスを特定している。

イキのいい魚の見えに無頓着な人がいるが、それはその人が光の中にある情報を発見しそこなっているからだ。いくら「イキのよさ」についての食品の科学の知識を学んで記憶しても、イキのよさを特定する光学的情報を知覚できるようにはなれない。河岸や海辺に行って毎日イキのいい魚を見ていれば、おのずとそれを識別できるようになる。

第二に「表面と表面の関係」を特定する光学的情報がある。環境を構成している、となり合う表面が光源にたいして異なる傾き方をしていれば、あるいは面の構成要素が異なっていれば、この二つの面には境界ができる。このとなり合う面にできる変わり目、縁は二つの表面の関係をあらわしている。観察者が動くことによってこの縁が独特な変わり方をする。この縁の部分の変わり方がそこで起こっていることについての情報になる。

図3―5の左は、光学的流動があるところで不連続になっている場合である。ぼくらはこのような縁を「崖ぶち」とよんでいる。右はこれとは異なる不連続である。このような変形のことをぼくらは「斜面」とよぶ。このように、面同士の境界の変形がそこにどのようなことが起こっているのかを特定している。つまり境界の消え方やあらわれ方が、境界の向こうにあることについての光学的情報になる。

動物は左のような変形があらわれると、そこで立ち止まりそれ以上先へはいかないだろう。角の場合には、それがなす角度や、スロープがどのようなものでできているのか（たとえばすべりやすいかどうか）によって、行くことも行かないこともある。縁の部分の変形の仕方がアフォーダンスを特定する。歩きはじめの子どもがあちこちで立ち止まって「考えている」ように見えるのは、立ち上がって不安定な姿勢になってはじめてあらわれてきた多様な変形をいちいち識別しはじめたからで

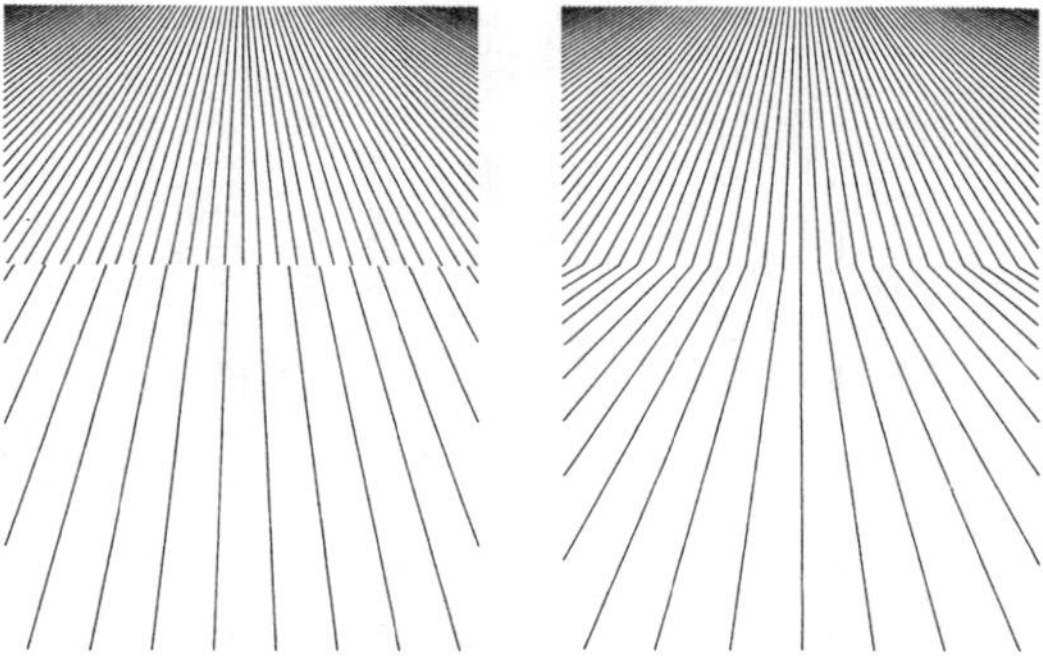

図３－５　面と面との関係を特定する２種のパタン
(Gibson, 1966より)

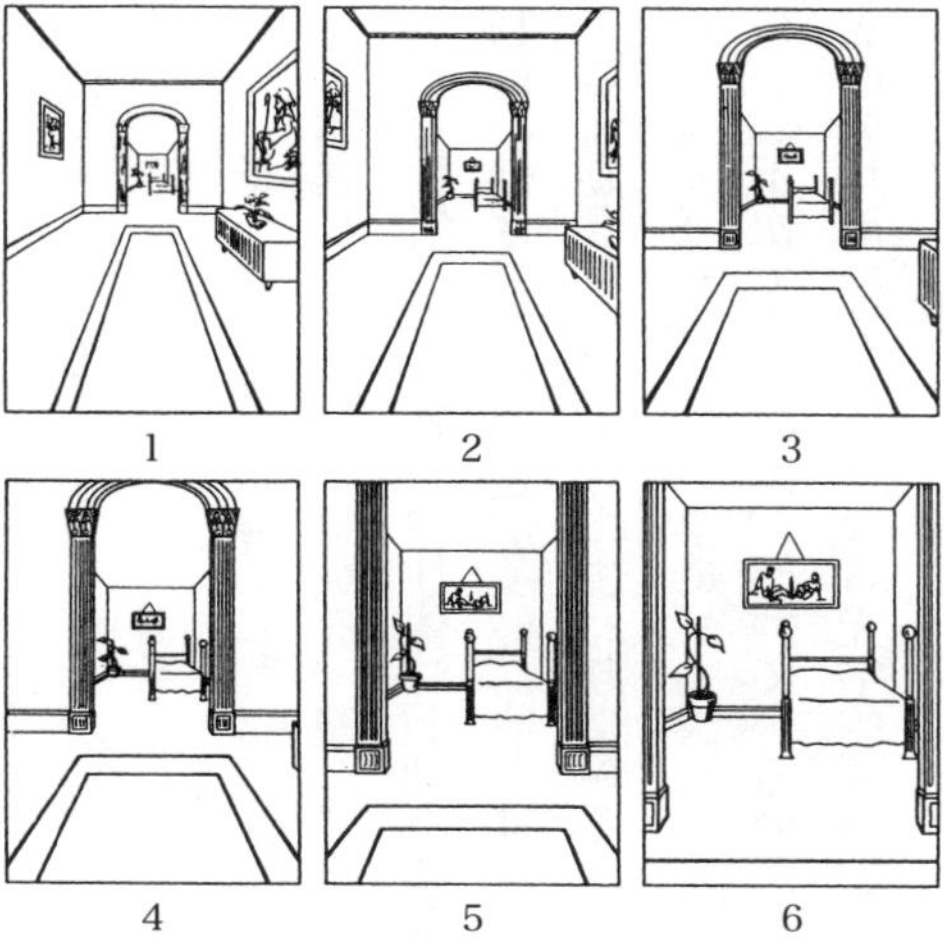

図３－６　知覚者の移動を特定する光学的変形
(Gibson, 1966より)

ある。

光学的変形は、環境がどのようなところであるのかについてと同時に、それを観察している者の行為も特定している（図3―6）。環境と自己は一つの情報の中にともに特定することができる。

もちろん観察者の動きと関係しないで、環境の一部に自律的に起こる光学的変形もある。環境の中には、知覚者の行為と独立して、何かが曲がる、縮む、伸びる、歪む、膨らむ、隆起するなど、やわらかな性質をもつ物（弾性体）が動くことがある。これらはたいがいぼくら以外の動物の動きであることが多い。他者は変形のパタンとして、光学的配列の一部に起こる流動としてぼくらのまわりにいる。

赤ちゃんの顔が泣いているのか、笑っているのか、声がきこえなくとも見分けられる。対面している人が快適であるのか、不快であるのか、怒っているのかというようなことも、それぞれ独特な顔の表面の変形であり、異なる光学的変形としてあらわれる。

ぼくらがそこに「文化」とよぶことを知覚する、あらゆる民族に独特な身振りも光学的事実である。この種の光学的変形の識別能力が異文化とのコミュニケーションを可能にしている。

大気の振動の場、化学的放散の場、光のネットワークにある情報は、こうして多くのアフォーダンスを特定している。

これらの情報の一部は、ぼくらが文明とよんでいる現在のような環境をまわりに築く前からあった。ぼくら人間が、この地上に登場する前からあったこと、つまりぼくらの行為や身体の形態の進化を可能にしたことが情報の中にはある。一方、ご飯をにぎって、それを持ち運び、手で持って食べられるものに変形するとか、布を切って、身体をおおうものに変形するなどのように、今、ぼくらが物と関わることでどんどん顕在化しつつある情報もある。

この情報に包囲されて、身体はどのようにふるまうことで情報を探り出すのか、次の章で考える。

第四章　知覚する全身のネットワーク

アフォーダンスを探るシステム

アフォーダンス、周囲にある意味にめぐり合うために、ぼくらはどのようなことをしているのだろう。もう一度ミミズにもどろう。

眼をもたないミミズは包囲光の配列に物のかたちを知覚してはいないだろう。耳もないから大気のふるえに物の情報を検知しているわけでもない。なのにミミズはいろいろな物の今している穴ふさぎにもっともふさわしい部分を識別してちゃんと利用した。ミミズはどのようにして物の性質を識別しているのだろう。

残念ながらわが国には「穴ふさぎ」をするミミズは棲息していない。この問いへの解答は、ダーウィンの住んでいたロンドンの郊外ダウンのフィールドで、実際にミミズの穴ふさぎ行為をじっくりと観察することでしかわからない。

しかし仮説がないわけではない。ミミズが物に直接その体で接触して、物のかたちのようなことを知っているのではないか、という可能性である。

ある時、ぼくは講義でミミズの穴ふさぎのすごさについて話した。すると一人の学生が「ミミズはテニスの選手がラケットを選ぶときのように、きっと葉を口でくわえて振っているのだろう」と言った。彼が言うにはテニスの選手たちが新しいラケットを選ぶときに重要な情報は、ラケットの形のようなことではないという。どうするかといえば、ラケットの柄をもって、いつもプレーでやるように何度も振るのだという。この場合には、眼や耳よりも手が、光や音よりもふれることが重要だという。

物にあるアフォーダンスを識別するために、眼や耳のような特別の感覚器官を中心としてもたない「知覚の器官」が身体にはそなわっているのではないか、というわけだ。

ギブソンは環境にあることにふれるために、自在に組織したぼくらの身体を「知覚システム」とよんだ。彼は「基礎的定位のシステム」「視るシステム」「聴くシステム」「味わい・嗅ぐシステム」そして「接触（ハプテック）のシステム」という五つの知覚のための身体組織について考察した。

環境を照明し、観察点を包囲している光のネットワークから情報を得るために、ぼくらはどこかに固定して動かない小さなふしあなのような眼だけで光と「接触」

しているわけではない。ぼくらは包囲する光の構造、そこにあることを探るために「地面の上の、脚の上の、胴体の上の、頭についた二つの眼」で見ている。「視るシステム」は大きく全身を組織化している。

視るシステムは、ジーッと何かを見つめつづけるようなこともするが、このときにも、頭は揺れているし、眼球を動かすために多数の筋が激しく活動している。それらの微細な動きは、遠くにあってよく見えないことをそばに行ってたしかめるために、スタスタ歩いて近づいて見るというようなことと、質的には同じ、視るシステムがしている情報ピックアップの行為の一種なのである。知覚するシステムが探索のために利用している筋と、運動のための筋とに区別があるわけではない。

他のすべての知覚のシステムも、身体の多くの部分を広くとりこんだ「知覚の器官」である。ミミズによる穴ふさぎのアフォーダンスの知覚を考えるためには、おそらく「接触のシステム」についてギブソンが言ったことが参考になる。

接触から知覚するための組織は複雑である。おそらく、身体全体のほとんどすべての部分、そこの表面のすべてが利用されている。また接触のシステムが利用することは、皮膚の「内側」にあることだけでもない。皮膚には毛がはえている。指の先端にはツメがある。ぼくら人間の皮膚は毛がずいぶんと薄いが、哺乳類の皮膚はたいがい毛皮でおおわれている。足にはヒヅメがあり、頭には角がある。鳥の皮膚は、環境に接触して複雑に動く羽の基部である。皮膚は、このようにその先に延長しているものに起こった機械的な「乱れ」から、情報を得る知覚の器官でもある。ぼくらも、指で持ったペン先で紙の微妙なすべり具合を知ったり、手に持ったはさみで紙の固さや厚さを知ったり、釣り竿の先で水面の下にいる魚の大きさや時には動きから種類を知ったりできる。ドライバーは、タイヤの下の路面の細かな凹凸を運転中にいつも知覚している。

接触のシステムがつくる領域はこのように皮膚という境界をこえて、皮膚の付属器官や道具の先にまで広がっている。ぼくたちの皮膚と環境との境界は、その輪郭がはっきりとはしていない。

地面への定位

接触のシステムの働きを考えるために、まず全身のシステムのしていることを見ておこう。ぼくらが死ぬまで絶えまなくしていることの一つに、環境の安定している枠組みを探りそこに位置を定める、ということがある。それは「具体的で、身体的で、目立たず、ひそかに、止むことなく続いている意識」である。このことはふつう「姿勢」とよばれている。もっとも基本的な姿勢は、重力への「定位」であり、それは生のいとなみの根本である。どの多細胞動物も重力の方向に定位するための仕組みを発達させてきた。

図4—1に示した架空の動物の頭にあるのは、「平衡胞《へいこうほう》」とよばれる、定位の仕組みを単純化したモデルである。動物はこのような定位のための仕組みを身体の上部にもっている。この器官は流動する液体で満たされた空っぽの部分と、その中にプカプカ浮かぶ「石のおもり」と、そのおもりの動きを感知するために液体の中でゆれている繊毛《せんもう》からなっている。繊毛の根元についている受容器は、おもりに押されて繊毛が曲がったときに放電するようになっている。

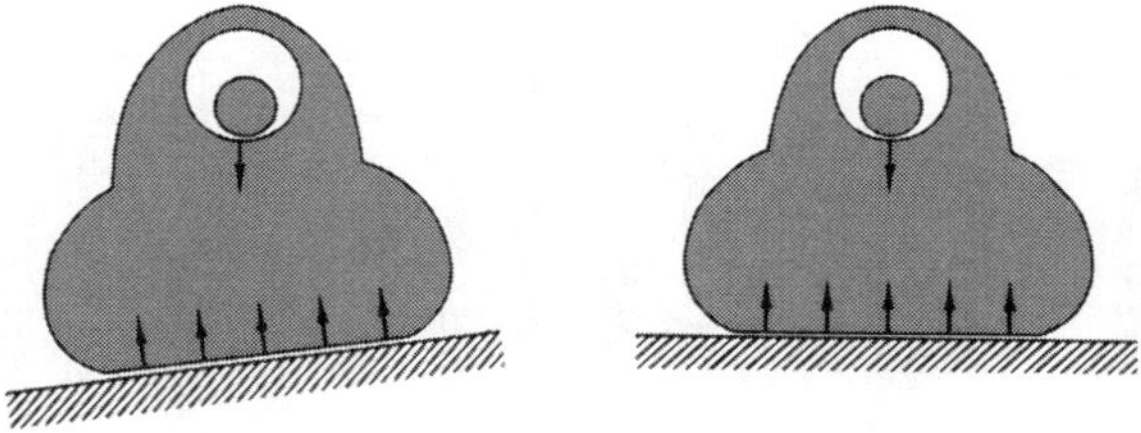

図４－１　平衡胞（Gibson, 1966より）

この毛の放電によって動物は「下」という方向を知る。下はおもりと繊毛の接触のパタンとして動物によって知られる。動物が右や左に傾けば、そのつど異なるパタンの放電が石と繊毛との接触から起こる。動物が水中や大気の流れに出会って、前に押されると、繊毛は後ろに曲がり、後ろに押されると、前に曲がる。速度、加速度、加速度の変化がそれぞれ特徴ある接触のパタンとしてあらわれる。この器官は、動物のあらゆる動きを石と繊毛の接触として情報にする。

ここに起こる種々のパタン変化をうまく調整することで、動物はまっすぐ立ったり、止まったり、回ったり、傾いた身体を立て直したりすることができる。水の中でも、大気の中でも、動物はこの仕組みによって、重力の方向に定位することができる。

しかし、地面や床への定位は、平衡胞だけでは不可能である。定位はもう一つの器官を利用してはじめて可能となる。もう一つの器官は、図の下部、大地や床に直接接触する身体の底面である。底面が加わることで定位のシステムは拡大し、姿勢の調整はもう少し複雑になる。

二つの器官を結合させた定位のシステムの動作を想像してみよう。図の右にあるように、地面が平らなときには、身体底面の皮膚への大地や床からの力と、平衡胞の中のおもりの力とは「逆方向で一致」している。動物がころげたり、傾いたりすると、二つの力は共に変化する。そしてどの場合にも力は逆方向で一致している。二つの器官にかかる力には、共に変化し逆方向で一致するという関係が生じている。

図の左にはもう一つの場面での平衡胞と底面からの力の関係が示されている。ここは大地が平らではない。おもりの力と底面を押す二つの力の方向はズレている。斜面で動くときには、石と底面を押す二つの力は共に変化するが、しかし方向はズレたまま残り続ける。このズレが情報になる。つまり定位することで、地面の傾きという環境の不変な性質を同時に知ることになる。

ボーンスペースと協調

人間のような大きな脊椎《せきつい》動物では、定位のための耳の奥にある「前庭（進化した平衡胞）」のような器官と、立った時の足の裏の皮膚に分布した感覚器官を、多数の骨がつないでいる。

人間には、ほぼ一〇〇（細かく数えれば二〇〇）の骨がある。すべての骨が筋で一つにリンクしている。したがって身体がするあらゆる接触では、すべての骨と筋は一つのシステムとして動く。ギブソンは骨を中心として一つのシステムとして挙動するこの大きな器官を「ボーンスペース（骨格空間）」とよんだ。ぼくらは足裏につながるこのボーンスペースの全体で大地や床と接触している。したがって、定位はより大きく複雑な、骨格空間全体の挙動としてさぐられ、獲得されることになる。

身体と環境との接触によって起こったことを受容する感覚器は全身に分布してい

る。さらに原始的な動物にはなかった、眼があり耳がある。眼や耳も、光や大気の振動から、定位のための情報を得ている。

このようにして世界と接触するために、種々の器官が関係のネットワークを構築している。そのふるまいはとことん複雑である。多くの動物はこのような複雑な関係の網の変化を利用して、環境へ定位するための調整をいつも持続しておこなっている。

ぼくらは「姿勢」といわれると、学校時代のあの背をピンと張った、「静止の姿勢」を想像してしまうけれど、姿勢とは身体全体で環境とリンクする、知覚の器官を多重にとりこんだ関係のネットワークなのである。

図4—2の絵が固い骨とやわらかな筋との結びつきであるボーンスペースがしている「制御の原理」をわかりやすく理解させてくれる。二〇世紀のはじめ、一九二〇年代くらいまでは、まだ一九世紀に広まっていた古典的な制御モデルが運動研究を支配していた。そのモデルは、脳にある制御の中枢が、ちょうど一枚の写真に撮られた身体のような、四肢と体幹の三次元空間における静止した配置を記憶してい

て、脳が、まずこの静止した身体の配置を筋と骨格に指令し、それから楽譜にたとえることのできるような運動プログラムによってこの静止した配置をつなげることで身体の動きが実行されるとしていた。

この古典的なモデルは、当時普及しはじめた映画の技術をそのまま運動生成の原理として採用していたわけだ。運動研究者は、映画フィルムの一コマにあることを動きの要素と考え、それをつなげれば映画の中の人のように動きが創造できると考えた。実際、映画も自動演奏するピアノも、このようにして静止する要素から人や音の「動き」を創造することに成功していた。

図４－２　協調の原理（Bernstein, 1996 を参考に作成）

図は、このような映画や機械の動きをもとにして動物の動きを考えるモデルが根本的にまちがっていることを示すために、ロシアの生理学者ニコラス・ベルンシュタインが描いたものを元に作成した。ベルンシユタインは、自動ピアノのように人がつくり出した機械をモデルにして動物の行為について説明することがナンセンスであることを知っていた点で、ダーウィンとも、ギブソンとも共通していた。

図では、人が腹の前に長く固い棒を、両手と首から太いゴムで支えている。彼がしなければならないことは、ゴムの引き具合をうまく調整しながら、棒の先についている丸い金属の玉の位置を止まったままにしておいたり、思いどおりのところに動かしたりすることである。棒を骨、ゴムを筋と考えると、人間をふくめた脊椎動物が姿勢を調整するためにやっていることがよくわかる。この図はちょうど一つの関節を複数の筋のひっぱる力で制御している場面をシミュレーションしていることになる。

機械の制御に使われる動きはエンジンの回転を車輪につたえるシリンダーの動きのように「押す力」を利用できる。機械の制御のための力は固い物で押す力なので前もってきちんと値を決めておくことができる。しかし図にあるように動物のあらゆる筋は柔軟であり「引く力」だけで動いている。筋は関節を押せない。したがって、機械のように力の値を前もって決めておいてそれで制御するということはできない。

身体の制御の原形がこのようなものであると考えると、一つの事実があきらかになる。それは身体を制御するためには、筋も骨もいつも休みなく動き続けていなければならない、ということである。生きものの動きの制御はたえまなく動くことで達成されている。

体育の時間に「気をつけ！」などと言われて緊張して立っている姿勢も、まったく止まっているわけではない。地面に接触する足を中心にして、多数の筋によって骨格空間が倒れないように、あまりゆれないように、止むことなく多数の筋の引く力を活動させ、ゆらゆらと全身のつながりを調整しているわけだ。それはちょうど頭の重たいカナヅチのような物の柄をどこかに立てて、それのいろいろな部分に付着したやわらかい多数のゴムで、いろいろな方向から引きながら倒れないようにしているようなことなのである。

人間は考える葦だ、と言った哲学者がいた。人間の姿勢制御をみれば、人間は考えていても考えていなくても風にゆらぐ葦のような存在であることがわかる。

このような多くの要素が完全にリンクした、全身のネットワークのやっている止むことのない調整のことを、ベルンシュタインは「協調（コーディネーション）」とよんだ。

脳のようなところが身体各部の位置と動きを指令していると考える古典的なモデルに比べるとわかるように、協調のアイディアは革命的である。しかし、当時のソビエト・ロシアでは、パブロフの「反射学説」が絶大な権威を持っていた。ユダヤ人だったこともあって、彼はスターリン体制下では不遇であった。しかし彼が死んだ翌年、一九六七年に彼の主著『運動の協調と調整（*The coordination and regulation of movement*）』が英訳され出版されると、そのアイディアは全世界の運動研究に広がった。一九八〇年代以降の運動研究のモデルは「指令からシステムへ」という方向へ大きくシフトしつつある。そのきっかけを半世紀も前にベルンシュタインがつくった。

指のような皮膚の先端部分や、棒のような道具の先端による物の探索が位置しているのは、このように環境にまでつながっている大きな協調のシステムである。物のいろいろな性質を探るために手の動きは、このように、定位のための全身の動きに「入れ子」になっている。つまり地面からつながっている。

物の性質を「さわりだす」ダイナミック・タッチ

このように、大きなシステムを想定することで、手などが物と接触している時に、そこで起こっていることについて考える基盤ができる。接触のシステムがしていることについては、いつもこの広いリンケージ（結合体）から発想しなくてはならない。

話をミミズにもどす。テニス好きの学生は、ミミズが葉などをくわえて振ることで、その葉に備わっている穴ふさぎの性質を識別したのではないかと言った。たしかにそうかもしれない。たとえばぼくらは手で持った棒の先端がどこにあるかを、目を使わずにかなり正確に知ることができる。つまり棒にまで延長しても、ボーンスペースの先端がどのあたりにあるのか、棒がどこまでとどくのかというようなことを知覚できる。

図4―3に示したような装置を工夫して、三〇から一二〇センチまでそれぞれ一五センチずつ長さが違う七本の棒を一人の知覚者に順に持ってもらう。棒を持った方の手はカーテンの向こう側にあり、本人には見えない。反対側の左手でパネル（これは見ることができる）を動かして右手に持った棒の先端の位置にもっていくようにいう。このようにしてたしかめてみると、振って知覚された先端の位置は、手と棒がつくる長さとよく一致する。見なくても手で振るだけで、棒のアフォーダンスの一つ、「とどくところ」が知覚できる。

棒を振ると種々の力学的な変化が棒にも、それを持っている身体にも生じている。棒を振ることでボーンスペース全体に広がったはずの変化を想像してほしい。そこには流れが起こる。この流れは手がその振り方を少し変えると多様に変わる。棒の方の動きに注目すると、そこには力学でいうところの、回転の力（トルク）、動力学エネルギー、回転の角速度などに変化が起こっている。手の皮膚面でも多様な変形が起こっている。これらの値は手がその振り方を少し変えると、そのつど多様に変わっている。したがってそれらから、棒に延長した先端の一定の位置は知覚されないはずだ。棒のアフォーダンスを知覚できるとすれば、そのための情報は多様な変化から不変なこととしてあらわれてくる必要がある。

棒が同じならば、振り方をいろいろと変えても変わらない値がある。それは力学でいう「慣性モーメント（慣性テンソル）」だ。外から加えられた力に抗して、回り続けよう、あるいは止まり続けようとする、物に備わる性質である。物の性質でありながら、動きを加えないとあらわれてこない性質である。この値は棒が同じである限り変わらない。

図4－3　棒のとどくところを知覚する（Solomon他，1988を参考に作成）

物には、それをつかんで「振る」というような、それにダイナミックにかかわることであらわれてくる性質がある。振り続けていると、変化の流れに、変化にかかわらず「変わらないこと」があらわれてくる。ギブソンは、このように「変われば変わるほどあらわになる」物の不変な性質を「不変項（インバリアンツ）」とよんだ。

どのように動いても、人の顔には、その顔だと知覚させる不変なことがある。それは「顔の不変項」である。ぼくらの知っている幾何学には、この動物の動き（知覚する者のつくる動き、知覚される動物の動き、そして両者が一体につくる動き）によってつくられる変形を記述する枠組みがまだ残念ながらない。だれかが生きものの動きだけにある変化と不変をあつかう「生態幾何学」のようなことをはじめるべきだ。

生まれたての赤ちゃんは手足をよく振る。おそらくそのようにして、自分の身体の境界を休むことなく知覚している。ぼくらが川や柵《さく》を飛び越そうとか、何か運動を開始しようとするときにも、手足や全身をよく振る。体操の床運動や、跳馬の時に見られるような「空中姿勢」は、複雑さと速さにおいてはくらべものにならないが、このような姿勢の制御も、剛体としての身体を振ることであらわになる慣性モーメントを情報の一つとして利用している。

さわったり、振ったり、押したり、たたいたりして物の変わらない性質をあらわにしているあらゆる身体の動きのことをギブソンは「ダイナミック・タッチ」とよんだ。舌と口とのどで豆腐やゼリーの固さやなめらかさのような不変な性質を知覚するという微妙なことも、ぼくらの身体がしているダイナミック・タッチの一種である。

テニスの選手は振ることでラケットの「重さ」や「長さ」や「しなり具合」や「重心の位置」などを識別する。この場合の「重さ」は、彼らの全身でのプレーにそぐう「重さ」である。「長さ」といっても何センチであるかはおそらくあまり問題ではない。それはプレーヤーの手の動きと一体になったときに「うまく使える長さ」である。ラケットに備わっているこれらの道具のアフォーダンスは、手と全身が一体となった接触のシステムで探るしかない。眼で見てもだめだろう。ラケットという道具にあるアフォーダンスは競技を経験した、地面につながっている全身のシステムによってしかピックアップできない。テニスのプレーヤーがラケットに知覚していることは、ミミズが、フィールドで葉に知覚していた「穴ふさぎのアフォーダンス」にたしかに似ているのである。

情報をピックアップするために、なにも文字通りの皮膚と物の接触がいつも必要なわけではない。「力を介した接触」は情報を得る一つの方法にすぎない。眼を中心とした視るシステムと包囲光の関係には、力の介在していない「接触」を発見できる。

光との接触

たとえば静止して立っている人の前に壁があって見ているとする。その壁が床から切り離されていて、気づかないほどわずかな、数センチぐらいの幅でゆれていたらどのようなことが起こるだろう。図4―4(a)に示したのはそんな時の壁と頭の動きに起こることである。頭と壁、二つの動きには時間的ズレがほとんどなく同期している。(b)に示したのは、その時に立っている人が見ているのがオプティカル・フロー（光学的流れ）とよばれている光学的変化。壁の表面のキメの変化を特定している光の変化である。ぼくらの壁への接近や後退は、この光学的変数の拡大や縮小といった情報によって特定される。

赤ちゃんを倒すためには力はいらない。わずかの光学的流動をまわりに起こすことによって彼らの姿勢はバランスを失い倒れる。力学的なエネルギー交換（手で押す）だけではなく、光学的情報との遭遇によっても身体は協調のあり方を変化させる。人の動きを変えるのにいつも力がいるわけではない。情報があればよい。

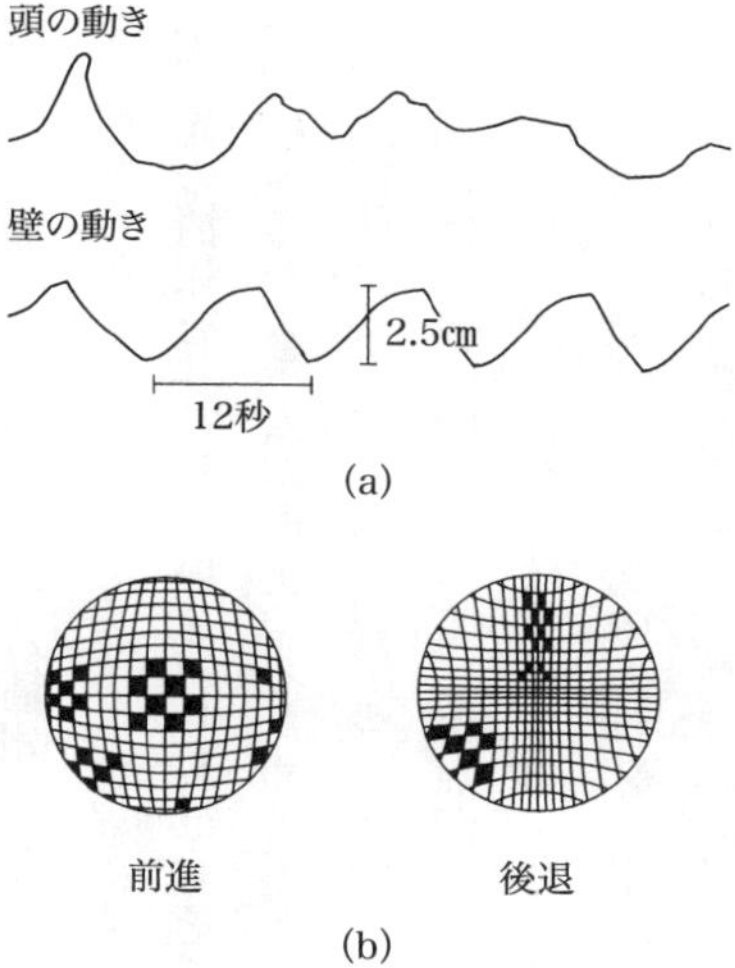

図4－4　オプティカル・フローへの同調
(Stoffregen, 1985より)

光学的パタンの変化は眼に網膜を持たないカニのような動物の姿勢もコントロールする。テレビ画面に光学的拡大を映すとそれを見ているカニは後ずさりする。カエル、ニワトリ、サルでも同じような姿勢の変化が起こる。オプティカル・フローは多くの動物たちが共通して利用している情報である。眼の解剖学的構造がちがうからといって、動物は種ごとに別々の光学的世界にすんでいるのではない。どの種もいくぶんかは光の情報を共有している。それはおそらく光学的流動のような情報が、多くの動物に視るシステムが進化するための不変項だったからなのだ。つまりこのような光学的情報に満ちている世界で少しずつ変化してきたのがぼくらの眼なのである。

人間には二つの眼があって、焦点がよく合い、両手ですることをよく見ることができるけれど、もともとは（もちろん今も）本を読んだり、テレビゲームをしたりするためだけではなく、光の流れを利用して物との衝突を避けるというようなことのための器官なのだ。

眼は変化を検出する装置

動物の多くの動きは光学的流動のパタンによってコントロールされている。視るシステムが働いている現場をみると、表面のキメの光学的な拡大や縮小の仕方と、動物の動きの変化とがほとんど境界なくつながっていることがわかる。

たとえば、毎秒二五センチの速度で、遠くからこちらに向かってくる物が、一メートル先のところで突然消えるようなディスプレイと、毎秒五〇センチの速度で向かってくる物が、二メートル先で消えるようなディスプレイを工夫してつくり、画面をだれかに見せる。それぞれの場合について接近してくる物の「速度」、消えた時の自分との「距離」を聞く。速度や距離の評価は実際の値にそれほど一致しない。物の動きからこれらの値を知覚することは困難である。おおよその値しかわからない。しかし知覚者に、消えた物が「いつ自分に衝突するか」をボタン押しで回答させると、その値は大変正確である。いつ衝突するかということの知覚、「衝突までの残り時間」の値（この例ではどちらも四秒）は速度や距離がちがってもいつもかなり正確に知覚される。

向かってくる物が自分にいつ衝突するのかということ、つまり「衝突までの残り時間」が、物の面の輪郭やキメの光学的拡大率と一対一に対応していることをイギリスの生態心理学者デイビッド・リーが発見した。向かってくる人や物がいつ自分にぶつかるのか、いつ自分の前を通過するのかというアフォーダンスは接近してくる物の面の光学的変形が特定している。だから直接そこに知覚できる。この光学的情報は多くの動物の視るシステムがこの世界で進化する時に利用された情報の一つである。多くの動物の行為は「衝突のアフォーダンス」を特定する物の光学的拡大や縮小の比率を利用している。

たとえば鳥のエサをとる行為。カツオドリという鳥は上空から急降下して海中にいる魚をくちばしで捕獲する。相当の高さからダイビングする。ダイビング開始の時には、ダイビング中にも軌道が修正できるように翼は半開きの状態にされている。ところが半分でも開いたまま海面に衝突すると、翼をはげしく傷つけてしまう。そこでカツオドリは、海面に衝突する直前に翼をさらに狭く、完全な流線型にまで折りたたむ（図4—5）。カツオドリのダイビング中の翼の変化を観察してみる。すると、たとえば一二メートルの高さからダイビングが開始されたときには海面五・五メートルのあたりで、四メートルのときには二・三メートル周辺で翼がたたまれはじめるということがわかった。種々の高さからのデータを分析すると、落下速度・加速度を考慮して「衝突までの残り時間」がいつもほぼ三〇〇〜四〇〇ミリ秒のところで翼が傷つきにくい流線型に変化することがわかった。

この値は、カツオドリが余裕をもって翼をたたむのに必要な最小限の時間幅に一致していた。すなわち鳥は自分の落下がつくりだす海面の光学的変化を利用して、半開きから折りたたみへの動作転換の開始をコントロールしているのである。海面の光学的変化には、海面への衝突までの残り時間を特定する情報がある。この情報によって翼の行為が制御されている。これはぼくらの手が向かってくるボールの光学的変化を利用して、大変微妙に調整されていることと同じだ。時速三〇～四〇キロメートルのボールを手で受けとる時、手はほぼ三二～五〇ミリ秒前に、にぎりの動きを開始する。ボールの面に直接情報を得ていなければ不可能な、急速なコントロールである。

図４－５　水中にダイビングするカツオドリの翼の変形

光学的変形が動作をコントロー

ルしているという事実は、人間が全身でおこなう高度な運動スキルでも同様に観察できる。図4—6を見ていただきたい。ここにはオリンピック出場のための標準記録をもつイギリスの女性の走り幅跳び選手の、踏切り時の歩幅の軌跡が描かれている。六回跳んだ時の平均と標準偏差（跳ぶたびのぶれの値）である。図にあるようにこのクラスの選手では助走の歩幅の増大の仕方は非常に安定している。ほとんど毎回同じようなパタンで増えている。しかし踏切り手前六メートル、二、三歩前からの助走の歩幅だけは毎回微妙に変化している。数名のジャンパーの平均をとるとこの値はほぼ八センチ程度である。このようにほんのわずかの調整が、助走を成功とファウルに分ける。

踏切りの最終速度は時速で三〇キロを越える。毎回変わる踏切りの微妙な歩幅は、どのような情報によって調整されているのか。最後の数歩の歩幅と「足で地面を押す時間」や「空中での身体の速度」など、種々の値との関係を分析してみた。すると最後の数歩の歩幅は「空中に身体が留まっている時間」と最も高く関係していることがわかる。この「身体が空中に留まっている時間」を決定しているのは脚で「地面を垂直にたたく力」である。高い技術を獲得したこのレベルの走り幅跳びの選手は、踏切り板の見えの光学的変化にある「接触までの残り時間」を特定する情報を利用して、地面をたたきつける脚の力を微妙に調整しているのである。コントロールの原理はカツオドリの降下とまったく同じである。ジャンパー自身の走りがつくりだす光学的変化が、踏切り直前での彼の動作の転換をコントロールしている。

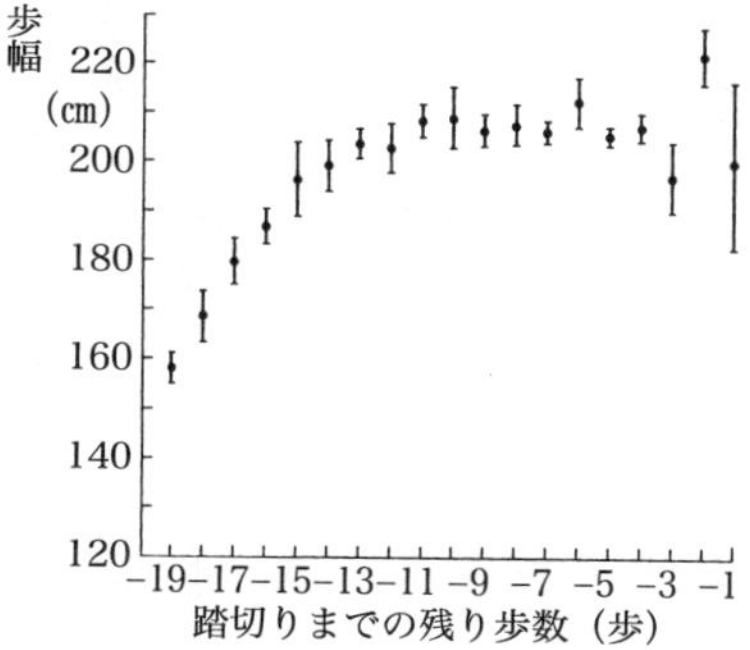

図４－６　走り幅跳び選手の助走の歩幅の軌跡（６回跳んだ時の平均と標準偏差。Lee他，1982より）

ギブソンは「眼はイメージを映すカメラではなくて、光の輪郭、キメなどの変化を検知する装置」であると言った。接触のシステム、視るシステム、耳を中心とした聴くシステムなど知覚のシステムが働くためには、なによりもそれが持続して環境と接触していることが必要であると言った。短い時間では知覚のシステムは情報を得るための活動を十分にできない。身体は持続して環境とかかわることではじめてそこにある情報にふれることができる。ギブソンはこのように知覚のシステムと情報とが持続して接触することを「認識（コグニション）」とよんだ。認識は環境と生きものとの接点で起こっていることなのである。

もちろんぼくらは行為するときにいろいろなことを考える。しかしそのことが行為にどの程度関係しているのかについてはまだ何もわかっていない。たしかなことは、実際に行為が利用している光学的流れのようなことを「絵のようにイメージ」することは不可能だということ。向かってくるライオンから逃げるためには、ライオンについて絵のようなイメージを浮かべたり、記憶内容を検索する必要はない。その表面の変形に、接触までの残り時間のようなことを知覚すればよい。それがゼロにならなければ逃げられる。脳とはおそらく、環境の「絵のようなイメージ」を浮かべるところではなくて、環境と持続して接触する全身のシステムの一部なのである。脳にあるのは世界の「地図」ではなくて、世界との関係を調整する働きの一部なのである。

情報探索の行為をコントロールするもの

さて、認識（認知などとも訳されている）のために情報を探索し、それにふれる身体の動きを観察していると、そこに見逃せない事実があることに気がつく。それは「行為がつくりだしている情報が行為をコントロールしている」ということである。

たとえば棒に延長した身体の端を知覚するために、棒をもった手は独特に振れる。やがてあらわになる棒の先端の位置を特定する情報を抽出するために、手の振る動きをコントロールしていたのは何か。それは、ほかでもない、振ることであらわれてくる棒の先端を特定する情報、慣性モーメントそのものである。

何を探るときでも同じような振り方で棒に接触する者はいない。「飛ばせそうな距離」を知覚するために、地面に棒を突き立てるための棒の「強度」を知覚するために、「高跳びに使えそうか」どうか、「しなり具合」のようなことを知覚するために、と棒にはいろいろなアフォーダンスが探られる。それらを知覚するためのダイナミック・タッチは、おそらく先端の位置を知覚するためのそれと微妙に異なっているはずだ。それぞれの棒の意味は独特な振り方で探られるはずだ。つまり棒にある情報を探りだす行為は、探りでてくる情報によって異なる。手はあらゆる振り方をそのつど時間をかけて生み出していく。その手の技、種々のアフォーダンスにふれるための独特な手の動きをつくりだすのはほかでもない、棒にあるアフォーダンスを特定する情報そのものである。つまり振りながら探られてくることが、手の振れをつくりだす。

カツオドリも、走り幅跳びの選手も、海面や踏切り周辺に、落下することや助走することによって独特の光学的流動をつくりだしている。これはほかでもない、落下中のカツオドリの翼のたたみ具合や、助走中のジャンパーの地面をたたく脚の力の微妙な変化によってつくりだされた光学的事実だ。この彼らの行為がつくった光学的変化が翼たたみや踏切りという行為の転換を生み出す情報になる。行為の起こしていることが微妙な行為の転換を可能にしている。

行為のプランが行為に先立ってどこか（脳？）に「スケジュール表」や「フロー

チャート」のようにあるという説明の仕方にならされているぼくらには、このような事実をすぐに理解することは困難なのだけれど、行為の未来をつくりだすことは、行為が徐々にあらわにする環境の変化の中にあるというわけだ。未来、ただし探索する行為がなければ存在しない未来であるが、それは進行している行為があらわにする環境の変化に知覚されている。つまり行為はこれから起こることを「予期する情報」をつくりだしている。行為はそれが探索し、これから発見することになることによって創造されている。

つまりアフォーダンスを探すことを可能にしているのは、じつはアフォーダンスそのものなのである。

動物の行為は情報を発見する途上にありながら、情報について予期的に知っている。行為は探索を開始したときから、それが探していることについて十分ではないにしても知っているようにふるまう。あることを知るために開始された行為は、その行為が未来にもっと深く知ることになることによってその動きをつくられている。

生きている動くシステムはこのように環境によって予期的に制御されている。

行為はアフォーダンスに動機づけられて始まる

誤解をおそれず、わかりやすい例でこの予期的な制御ということについて説明しよう。

たとえば読者のタンスにある衣服を全部どこかに並べてみていただきたい。本棚にある蔵書をじっくりとながめていただきたい。そこにはほかのだれかが集めたものとも違う独特な「まとまり」がある。それらは、いわくいいがたい、ある「カテゴリー」をなしているはずだ。これを「知覚のカテゴリー」とよぶことにしよう。知覚のカテゴリーとは見ることや、聞くことや、さわることだけがしているこの環境の「区分け」のことである。アフォーダンスとほぼ同義である。

知覚のカテゴリーとはこの世界にあることで、言葉にすることのもっとも困難なことである。しかし、言葉にできないからといってぼくらがそれを「知らない」わけではない。あなたがデパートで衣服を識別するとき、書店で書物を探すとき、スーパーでイキのよい食料を選ぶとき、誰かを「つきあえそうな奴だ」と「直感」するとき、あなたの識別行為はこの言葉にできない意味にいくぶんかは触れていたはずだ。でなければ選択自体が不可能になる。あらゆる識別行為が探している意味は相当たってからでなくては知覚者自身にも「ああそうだったのか」と自覚されない。しかし行為はまだはっきりとしていない意味をたしかに知っている。知覚が先で説明は後からやってくる。

ゼロ歳の赤ちゃんは言葉がどのようなものなのかほとんど何も知らない。しかし彼らは、言葉を習得するための十数年を費やす困難な学習をその時すでに開始している。若い走り幅跳びの選手は、まだベテランの選手が知覚している踏切り周辺の見えの変化を十分に知らない。ただあこがれの一流選手の踏切りが他の選手とは質的に違うということにはおぼろげながら気づいており練習を開始する。

すべての行為はこのように環境にある意味、つまりアフォーダンスに動機づけられてはじまる。アフォーダンスはその幅も奥行きも無限である。この探索のプロセスは開始されるだけで終わりがない。生きて動くものが生きているかぎりアフォーダンスは探し続けられる。それは終わりのないプロセスである。それを探す行為はすべてがつねにいくぶんかは「間違い」であるともいえるし、いくぶんかは「正しい」ともいえる。行為を正誤でくっきりと峻別できるのは、行為が人間がつくりだした人工のカテゴリーを識別している場合だけであり、この二分法は知覚のカテゴリーには当てはまらない。行為には正答も誤りもない。

第五章　運動のオリジナル

どの部分も回っている

ミミズの研究を出版した前の年、死の二年前に、ダーウィンは植物について長い観察の成果をまとめた書物を出版した。タイトルは『植物の運動力（*The power of movement in plants*）』。多様な植物のわずかな動きがひたすら記録されている。ミミズの時には眼だけをたよって観察したダーウィンだったが、植物の動きを観察するためには特別な道具をつくった。つぎのような仕組みである。

大きいガラスの板を、観察する植物の鉢の上に水平に置く、あるいは側面にまっすぐに立てる。太さが馬の毛よりも細くて、長さが〇・七センチから二センチぐらいのガラスの糸を作る。これをアルコールで溶かしたニスで植物の観察する部分、茎や葉や根に付着させる。ガラス糸の先端に、小さな黒いビーズ玉をつける。このビーズ玉が植物の動きの指標になる。観察のはじめに、基準として、ガラス板のこちら側から見て植物の向こう側、つまり植物の下かガラス板の反対側に、黒い点を一つ描いた小さな紙を置いておく。この方法で観察がおこなわれた。

まずはじめにガラス板からのぞいて、植物につけたビーズ玉と、向こう側に見える紙の上の黒い点が一致するガラス板上の部位に小さな点を描いておく。数分後あるいは数時間後あるいは数日後、つぎの観察の時に、この最初に記録した点と基準となる向こう側の紙上の黒点を一致させた上で、現在のビーズ玉の位置をガラス板の上にしるす。このようにどんどん点をプロットしていくと、上からあるいは横から見た植物の動きの軌跡が点のつらなりとして残る。奥行きのある動きを、このように平面に記録するとどうしてもゆがむので正確というわけにはいかないが、動きそれ自体をかなり詳細に記録することができる。

この方法でダーウィンは、植物はどの部分も「回っている」ということを発見した。

彼はまず幼根や子葉など、芽生えたばかりの場所の動きを記録した。光など外部からの影響がないときの動きを見たかったので、この観察は記録時に小さいろうそくの光で数分照らす以外は、真っ暗闇の中でおこなった。

『植物の運動力』にはこうして得られた多数の図が掲載されている。図5—1に示したのはその冒頭の一枚である。キャベツの幼根が六〇時間かけて動いた軌跡である。幼根が約一ミリ伸びたときに、幼根を上に向け種の部分をニスでブリキ板に留め、黒いビーズ玉をつけた細いガラス糸を、幼根の基部にとりつけて記録した。図は実際の四〇倍に拡大されている。たしかに回っている。

発芽したての子葉は皮をかぶっている。子葉はこの種皮から直角に出てきて、急速に生長してアーチ形になる。まだ土の中にあるこの子葉のアーチの基部にガラス糸をとりつけて四五時間記録したのが図5—2である。ちょうどこの観察が終わるころに、この子葉は土をつき破って地上に出た。子葉はまだ土の中にあるときから回っている。

図5—3に示したのはキャベツの子葉の地上に出たての動きである。土の中からすでに回っている子葉は、土から抜け出してすぐに回りはじめる。この出たての葉は一〇時間四五分で三回転半した。

回る子葉の先端ではどのようなことが起こっているのか。ダーウィンは顕微鏡の接眼ミクロメーターで子葉の先端を見てみた。メーターの一目盛りを三〇〇分の一インチ（約〇・〇〇八五センチ）にして、そこを通過する動きを見た。子葉の先端

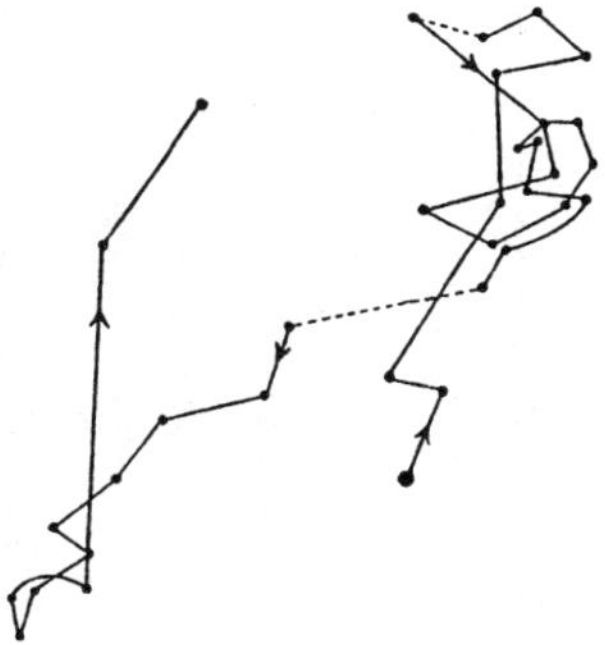

図5－1　キャベツの幼根の回旋運動（拡大図）(Darwin, 1880より)

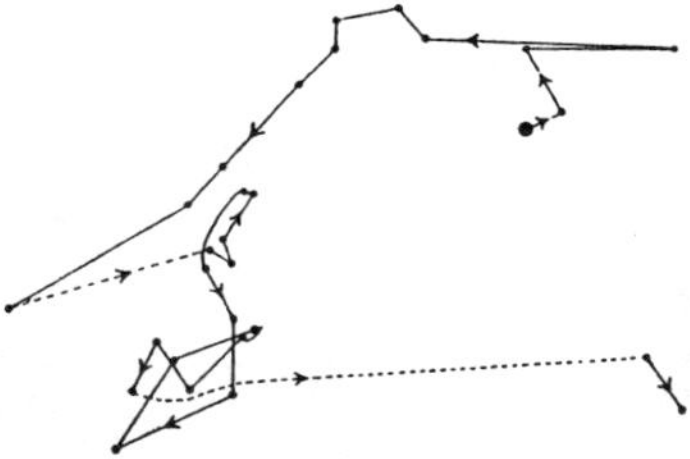

図5－2　キャベツの子葉の地中での回旋運動（同）(Darwin, 1880より)

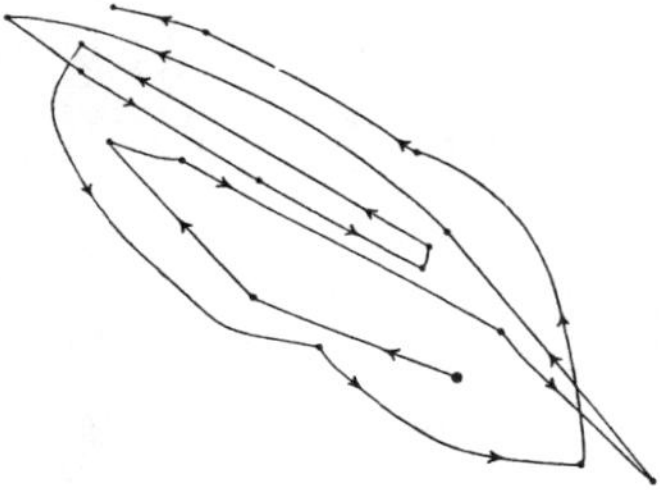

図5－3　キャベツの子葉の地上に出たての回旋運動（同）(Darwin, 1880より)

は五〇〇分の一から二五〇分の一インチくらいの幅で前後へピクッピクッと無数の小さな振動をして動いていた。この小さな振動は、捕虫植物の葉や、イネ科の植物の節など、ほかにもいろいろな部分に見ることができた。つまり植物はどこでもその発達の先端でほんのわずか、突然ピクッと動いてはしばらく休む運動を続けている。ダーウィンは、幼根や子葉が回ることをほぼ三〇種の植物で確認した。

観察はつぎに活発な生長がすでに終わった部分へと進んだ。選んだのは、広範囲の二〇属の植物の茎。それも動きの乏しいと思われるものをあえて選んだ。茎や葉も真っ暗闇で観察の時に少しだけ照明して見た。

どの茎もたしかに回っていた。茎の先端もらせんを描きながら伸びていた。子葉や幼根のようになめらかな回り運動をしていた。生長の最盛期がすぎた後の植物でも動きの質に差はない。

観察は最後に葉におよんだ。ダーウィンは裸子植物、双子葉と巣子葉の被子植物、シダなどの隠花植物二五科、三三属を観察した。どの葉も回っていた。運動の大きさや距離は葉によって異なり、軌跡はいつもいびつな楕円を描いたが、回っていた。

オリジナルな回旋運動が出会うこと

あらゆる種類の植物の、あらゆる部分は、発達のどの時期にもどちらかの方向に少しずつ回っている。これが植物の本来の姿である。ダーウィンが確認したどの植物のどの部分のどの時期にも起こっているこのオリジナルの回旋運動が、そのままの姿でぼくらの眼にふれることはない。回旋運動がごくわずかの変化であるから見えないわけではない。そうではなくて、植物を取り囲むところには、いつも、このオリジナルな回旋運動を変化させることがいろいろとある。だからこの運動のオリジナルをそのまま見ることはできない。

環境にある多様なことに出会って、植物のオリジナルな動きは変えられる。この周囲にあることに出会ってあらわれてくる動きをダーウィンは「回旋運動から変わってきた運動」とよんでいる。

オリジナルを変化させるもの——接触

多くのことがオリジナルを変化させる。一つは接触である。

ダーウィンが集中して観察したのは幼根である。幼根は地中に入ると、大小の石や他の植物の根などの「障害物」にたえず出会う。先端がこれらの物に接触すると、根のオリジナルな回旋運動に変化が起こりはじめる。

接触による動きの変化を空中で観察するために、ダーウィンは幼根を湿った空気中につり下げて、その先端に種々の小さな障害物を貼りつけた（図5—4）。幼根の先端は少しでも何かに接触すると、接触部分よりも上にある「生長帯」が接触とは反対の方向に曲がった。

根の先に貼りつける物を、便箋、字の書けないほど薄い紙、鳥の羽、ガラス、牛の腸間膜、サンドペーパーなど、大きさ、形（四角、円、楕円など）、材質、厚さ、接着剤の違い（アラビア糊かニスか）などを種々に変えて、四四の条件を設定して変化を観察した。条件の違いが微妙に生長帯の変化に影響した。わずかな違いではあったが、それは回旋運動の変形の仕方に影響した。つまり接触する物が異なることでじつに多様な回旋から変わってきた運動があらわれた。

幼根はつねに回っていた。これがそもそもどの幼根もいつでもしていることである。この回る幼根が、いつかどこかで何かに触れる。そしてその動きを少し変える。オリジナルな回旋が物と接触して変わる。オリジナルな回旋と、接触に対する運動の「複合した運動」がその時に開始する。

ふつうの幼根はいつも何かに接触している。したがって幼根の動きとは、つねにオリジナルな回旋と接触による動きが複合したものになる。ダーウィンはこの二つの運動の両方がいつも共にあることで、「根は硬い土をさけて曲がり、最も抵抗の少ない方へ伸びてくるのである」と書いた。

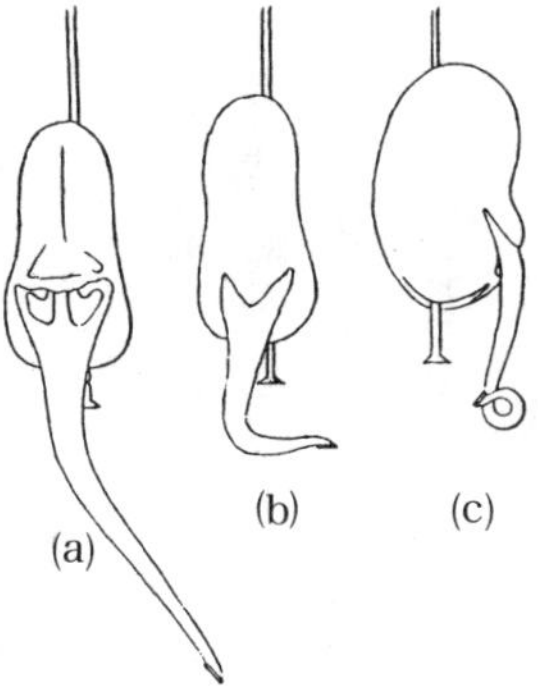

図5－4　ソラマメの接触への反応（Darwin, 1880より）

回ること、接触をさけること、この二つの動きが複合した結果、根は地中のもっとも接触の弱いところ、やわらかいところに押し入っていくことになる。

オリジナルを変化させるもの――重力

重力はどうか。茎を下向きにする。すると茎は回ることをいったんやめる。そして地面の方向を避けるように、空の方向にまっすぐ伸びはじめる。これが茎の「背地性」といわれる動きである。

図5―5はカナリアクサヨシの子葉を、水平から四〇度下に傾けたときの動きの軌跡である。光は遮断してある。四時間三〇分かかって子葉はまずほぼ垂直になるまで一三〇度上昇した。しばらくして葉がまっすぐ立つと、また回旋運動がはじまった。背地性が一時期、回旋運動を見えなくして上昇の運動に変化させた。

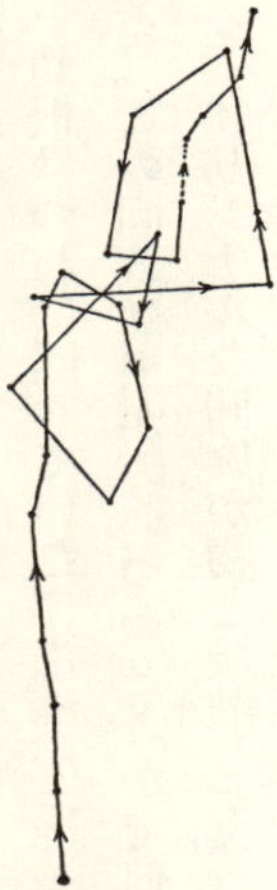

図5－5　カナリアクサヨシの背地性(Darwin, 1880より)

根の場合にはちょうど反対のことが起こる。根を空の方に向けると、回ることがいったん止まる。そして根は地面の方向にまっすぐ伸びる。これが「屈地性」とよばれている動きである。「屈地性」の動きも根がいったんまっすぐ地面の方向を向いてしまうと、ふたたびオリジナルな回旋運動にそのあらわれをゆずる。

オリジナルを変化させるもの――光

オリジナルな運動にもっとも影響するのは光である。光の影響は強度だけではなく多様性においても格別である。

まずダーウィンが「暗屈性運動」あるいは「睡眠運動」とよんだ動きがある。葉もいつも回っているのだが、昼夜の光のサイクルのある環境にこの回り続けている葉を置くと、葉の回旋運動に日夜の周期性があらわれる。太陽の光の下では、夜の睡眠をはさんで葉は二四時間で一回大きく楕円を描く運動をする。

葉の睡眠とは、葉身が、夜になると表面からの熱の放散をさけるように、立ち上がるように上へか、沈み込むように下へ動き、葉同士がお互いに接触するように全体として閉じることである（図5—6）。葉身はこうした「睡眠姿勢」への変化を、オリジナルな回旋運動に埋め込んで、一日で一回転する。睡眠姿勢は昼と夜の光量の差によって起こる。昼間強い光を受けていない場合には、夜になっても葉は睡眠しない。

周期的な光量差だけではなく、昼の光の性質そのものも回旋運動の変化に影響する。

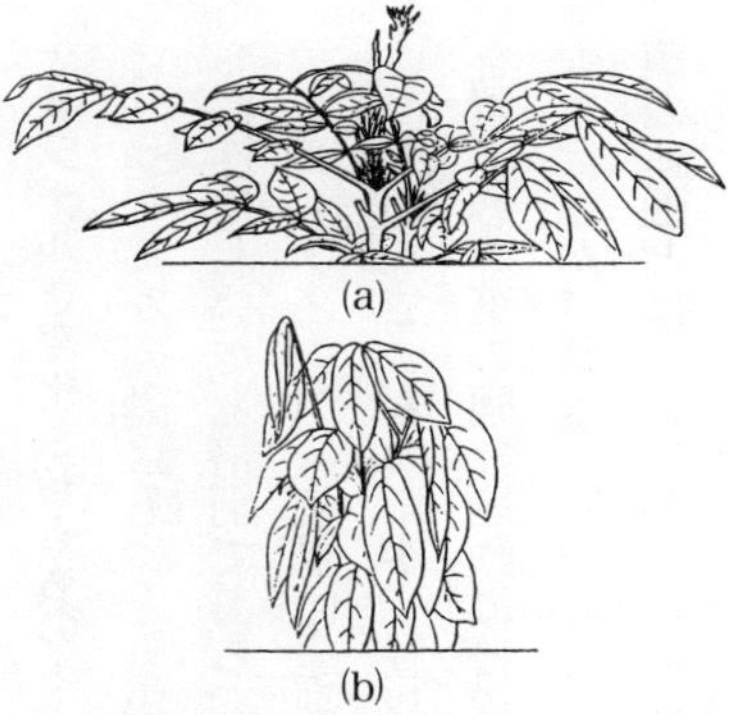

図5－6　カワラケツメイの睡眠運動
(a) 昼 (b) 夜 (Darwin, 1880より)

茎、葉、ほかのすべての器官は一方により強い光が当たるようにすると、その方向に曲がる。これが「屈光性」である。光が弱いとそれは回旋運動をごくわずかしか変形しない。強い場合には回旋を阻害してしまうほどの、まっすぐな動きを植物の各部分につくる。あらわれる回旋運動から変化した運動は光の強度によってきわめて多様になる。さらに光の時間にともなう変化も影響する。そのことで変化の複雑さが一つ深みを増す。

子葉や胚軸では上部に光を感受する特別な部分がある。この部分を何かでおおうとそれ以外の部分に光を当てても屈光性はあらわれない。このような光の影響を受けるところが、ある部分に集中しているために、光の影響の動きへのあらわれはさらに複雑になる。

多様性の「たね」

ダーウィンは植物が回旋運動を変えることについて、一つ一つていねいにその影響を観察した。実際の環境ではこれらのすべてのことが回旋運動に一挙に影響している。複合した影響が一つの「回旋運動から変わってきた運動」をつくる。

このようにして植物のあらゆる部分は、予測できない動きが創造される場となる。結果としてとことん多様なことが植物のあらゆる部分にあらわれる。なにげなく眼にしている植物とは、このようにして変化し続けている「多様性の集まり」なのである。

接触と幼根の回旋運動が複合して起こる運動についてダーウィンはつぎのように書いた。

これは土の中を垂直に穴を掘るモグラのような動物と対比できるだろう。すなわちモグラは頭をたえず左右に動かして、すなわち回旋運動をして、土の硬さとともに石などの障害物を感じとるとその反対側へ方向を変え、もしこちら側より向こう側の土が湿っておれば、より良い猟場を求めて向こう側へ向きを変えるだろう。そしてこのモグラは時々穴掘りを中断して重力感覚で下の方を確かめ、もっと深い穴を掘りはじめるだろう。

『植物の運動力』にはあまりない比喩による説明である。トンネルは、最初からここにおいでとモグラをいざなう「隙間」として環境にあるわけではない。トンネルはオリジナルに穴を掘る生きものであるモグラが土の中に発見することである。空いてしまえばトンネルであるが、モグラはトンネルを探しているわけではない。モグラは掘りながら土の中に潜在している「やわらかさのつらなり」を発見しているのである。

植物の生長が結果として残すことも同じことだ。それは、オリジナルな回旋運動が、たまたま出会った複雑な環境、つまり接触する物、重力、多様な光、湿気、風などと一体に発見した道なのである。できた後でなければ見えてこない道、あらわれるまではどこにもない道である。

オリジナルな回旋運動が、周囲にあることと複合した結果、たった一つの運動があらわれる。それは結果としてはダーウィンが「下等動物が無意識でおこなっているいろいろな運動と似ていることにおどろきを禁じえない」と書いたほど、環境に「なじんでいる」ことになる。

モグラの比喩は、ただ事実だけが淡々と延々と書かれている『植物の運動力』ではまれに筆がすべっている部分である。もちろんダーウィンは簡単に植物と動物の動きに類似を見て何か一般的なことを言うような人ではない。しかし植物の動きをよくよく観察してみると、二つの運動が環境で具体化される原理があまりに似ているといわざるをえない、ということをあえて言いたかったのだと思う。

その原理とは、生きものの運動が、まずオリジナルな、無垢な動きとしてこの環境にあらわれるということ。そしてあらわれたその瞬間から環境にあることのすべてに出会うこと。周囲のすべてのことと関係してオリジナルから変わった一つの運動があらわれる、ということだろう。

アメリカの生物学者マイケル・ギゼリンは一九六九年に書いた『ダーウィンの方法の勝利』という本の中で、植物に見られたオリジナルな回旋運動のようなことを「ブルート・ファクツ」と名づけた。辞書をひくとブルートには「理性のない、動物的な、狂暴な、野蛮な」などの意味があるが、これは「理性、人間、文明」のようなことをいちだん高いものと見なす進歩主義に色づけられた訳語だろう。ブルートの本来の意味は「ありのままの」とか「加工されていない」というようなことだろう。ブルート・ファクツとは生きものに、この世界に出会う前にあることである。生きものがこの世界でしか運動を開始しないことを考えると、ぼくらがありのままのブルート・ファクツに出会うことは困難である。本能といってしまうと、何かがその後の成長を決定しているというような含みがつきまとう。この環境で生まれたその時に生きものがすることはただのブルート・ファクツ。つまりはじまりの運動。そこから発達がはじまる。

ダーウィンが見たかったことは二つのこと。一つは植物にも動物にもあるはじまりの「ありのままの運動」、そしてそれがその後にたどらざるをえない変化の運命。これはまるで進化論そのものなのだが、この二つをしっかりと見ることがダーウィンの心理学の方法の一つであった。ダーウィンの心理学ではブルート・ファクツの観察と、そのまわりにあってそれを変えることの観察が必須である。

ブルート・ファクツとしての表情

ギゼリンがブルート・ファクツとよんだこと、生きものがオリジナルに示すことをそのまま見たいというダーウィンの欲求はなみたいていのものではなかった。

植物の運動についてのダーウィンのもう一つの本、一八七五年に書かれた『よじのぼり植物（*On the movements and habits of climbing plants*）』でも、徹底して、植物のブルートな何かに「まきつく」運動がどのようなものなのか、茎や葉やまきひげで観察されている。

観察の対象は植物にとどまらない。さらに少し前、一八七二年に出版された『人間と動物の表情』（以下『表情』）では、動物にブルートな表情探しがおこなわれている。動物のブルート・ファクツは植物よりはるかに多様で複雑である。それをなんとか記述しようという作業が試みられている。

たとえば「泣く」という表情はこの本で以下のようにスケッチされている。泣く表情に特徴的なのは、眼を閉じることである。泣くときにまず眉のまわりの筋が収縮する。この収縮によって眉は鼻の基部に向かって下や内に引かれ、そのために縦の皺が両眉の間にできる。同時に額の横皺がなくなる。眼を取り囲む筋が、眉のまわりの筋と同時に収縮して眼の周囲に一面の皺を寄らせる。最後に鼻の三稜筋が眉と前額の皮膚とを低く下げ、鼻の基部に短い横皺を寄らせる。眼の周囲の筋が収縮するときにはそれにつながっている上唇に走っている筋肉も収縮する。このように上の唇が引き上げられるとともに、口の下の筋肉も強く収縮する。これらの筋の作用によって口は楕円かほとんど四角になる。ふつうは口からははげしい声がもれ、涙が加わる。このように、眼の周囲の強い収縮を中心として顔面全体へひろがるちぢれた波のようなことを「泣き」のブルート・ファクツが記述される。

泣きの表情の中心にあることは、眼をそれを取り囲む筋肉で固く圧縮することである、とダーウィンは考えた。この筋の動きは、眼球内部の血管内に静脈中の血液が逆流するのを防ぐという働きがあると医師が書いていることをダーウィンは知った。はげしく泣く、はげしく呼吸する、くしゃみをすると、眼の周辺の筋が強く収縮する。おそらくこのような表情によって眼が守られている。

犬がはげしい敵意を示すときには、からだをまっすぐにして硬くなって歩き、頭部をわずかに上げ、尾は立てられて硬直し、毛は首と背の部分で逆立ちし、耳はとがって前方に向けられ、眼は一点を見すえる。この威嚇《いかく》の表情は、攻撃という他の犬とのコミュニケーション場面で働く。

ブルート・ファクツには、そのあらわれが何かの働きと結びつけられないものもある。

たとえば犬はよろこぶときにからだをまっすぐ立てるかわりに下方に沈ませ、うずくまることもある。動きはやわらかくなる。耳は下げられて後方に引かれるが頭部に密着することはない。尾は低くたれ左右にふられる。このようにすべての動きは威嚇や攻撃の表情とほぼ正反対であるという以外の特徴をもたない。

この「ある表情と正反対」というのが、ダーウィンが思いついた第二の表情の由来である。威嚇や怒りの表情に対立することだけが、うれしさや喜びの表情のブルート・ファクツであろうというわけである。つまりいくつかの表情のブルート・ファクツは最初から相互に連関している。

『表情』では苦悩、泣く、鬱、心配、悲しむ、落胆、絶望、喜び、機嫌がよい、愛、やさしさ、帰依《きえ》、反省、深く考える、不機嫌、決意、憎悪、怒り、あなどり、軽蔑、罪、高慢、無力、忍耐、肯定と否定、驚き、恐れ、自分への注意、深い後悔、羞恥《しゅうち》、謙遜《けんそん》など、たくさんの表情があつかわれている。ダーウィンの関心に応じて記述には濃淡がある。「攻撃」と「うれしさ」のようにおそらくこれらの表情は相互に連関している。表情という動きのブルート・ファクツはどの一つをとっても多くの表情がなす大規模な動きのシステムに位置している。だから表情は「なぜ」そのようにあらわれるのかという問いを超えてただ複雑である。

泣くというブルート・ファクツ。眼の周囲の筋の収縮を中心とする乳児のような泣きを、そのまま続けている大人はいないだろう。成長した大人の顔には表情のブルート・ファクツはそのままあらわれない。植物の回旋運動が、この環境であらわれるときにはかならず回旋運動から変わってきた運動であったように、無垢な乳児期をすぎた人間のどの泣きも、長い時間をかけた独特の変形の結果であるだろう。変形後の独特な泣きの運動にぼくらは「文化」や「性」や「性格」などとよぶことを見ている。しかし、どのように複雑に変形していても、ぼくらは他の人が泣いているときにはそれが泣きのブルート・ファクツの変形であるということをなぜだか瞬時に識別できる。泣きを模倣している「うそ泣き」や、電気刺激で顔面につくった皺と、泣き顔とは識別できる（もちろんあえて識別できないふりをすることもある）。どうやらぼくらは、変形した表情に、ブルート・ファクツのわずかなあらわれを知覚できるらしい。それはおそらく植物のオリジナルな回旋運動のように、表情でもオリジナルの動きがいつもあらわれを待機しているからだろう。

「はじまり」の手

なぜ行為の発達を見るときにブルート・ファクツからはじめなければならないのか。その理由の一つは、はじまり（オリジナル）の動きから観察を開始しないと、結果から動きに起こっていることを説明してしまうという誤りを犯す可能性があるからだ。

結果から行為を説明することは、人類の歴史を「未開から文明への進歩である」と考えたり、動物のしていることやその形態に起こる変異を「ある目的に近づくためである」と考えたりすることに示されるように、変化の起こっているところに、そこにあること以外のもの、「意図」や「目的」や「方向」のようなことをもちこむことである。行為についての多くの説明は現在でもこの誤りを犯している。この種の誤りの典型の一つに発達心理学者のジャン・ピアジェの赤ちゃんの手のリーチング（物に手を伸ばしてふれる、つかむ）についての記述がある。

ピアジェは、自分の子どもたち三名の発達を克明に記録した日誌をもとに大きな著作を残した。二歳までの子どもの知能の発達について書かれた『知能の誕生』では、発達のごく初期の手の動きについての観察が書かれている。

そこでピアジェは、手を「知能が成立したときにそれが利用する基本的な道具の一つである」と定義しているが、自分の子どもたちがリーチングをおこなうようになるまでを日単位で記録した。そして「手が知能の道具になる」までに、どの子どもにも共通する一定の変化があるとした。ピアジェにはリーチングするまでの手の動きが眼（見る行為）との関係で変化するように思えた。そこでこの二つの関係に観察の焦点がしぼられた。

彼はリーチングができるようになるまでの手と眼の関係には、五つの発達段階があるといった。第一段階は誕生直後で、手と眼にはまったく関係がない。二つはバラバラに動く。二段階目になると、乳児の手は偶然ふれた物を握るようになる。三段階目になると、子どもは偶然に握った物をすぐに口に持っていく。つまり手と口が関係を持ちはじめる。ピアジェはこの時期を「手と口の協応期」とよんだ。さて、この第三期には手を見ることが手の動きに影響を与えはじめる。手を見ると手の動きが活発になる。また「視野内で手を移動させてみて、手が視野の外に出ることを制限するようなこと」が観察される。

そして四段階目にリーチングがはじまる。ただしそれは「手に入れたい物と手を同時に同一の視野内で見れば」のことである。最後の第五段階では、この同一の視野の中という制限を越えて、リーチングが開始される。つまり物を見さえすれば、視野の外にある手もリーチングしはじめる。つまりいつでもどんな状態でもリーチングがはじまる。ピアジェの観察では、だいたいここまでで六ヵ月間かかるという。

これは非常にわかりやすいリーチングの開始についての「発達物語」だ。ピアジェは「手が眼から遠ざからないようにすること」と表現したが、とにかく彼は手の動きを見ることでコントロールすることがリーチングがあらわれるための必要条件であると考えていた。

リーチングのオリジナルを観察するときに、手だけではなく眼の見ていることも同時に観察するというのはなかなかできることではない。手や眼それぞれの動きを追うだけでも大変なのだ。なぜピアジェはこんな手品のような観察ができたのか。どうやらそれは彼がとくに卓越した観察者だったからではないようだ。おそらくピアジェは、あくまで手と眼の二つのことの関係に興味があった。それは彼がこの関係に彼が「意図性」とよんでいる発達の重要な指標を見ようとしていたからだ。

ピアジェの言う「意図性」とはなんだろう。彼はつぎのように書いた。

赤ん坊が吸ったり、見たり、聞いたり、つかんだりなど（を別々に）しかしないときには、赤ん坊は直接的な欲求を多少とも直接的な仕方で満足させているにすぎない。……この場合には目的も手段もほとんど問題にはなりえない。……われわれが意図性と定義した固有の意識が生ずる機会はまったくない。これに対して、つかむとか見るとかの行為を互いに協応させたシェマ（知能の構造）を持ち、そのシェマを利用して世界全体を自己へと同化するようになれば、そのシェマ協応から生ずる多様な組み合わせによって、目的と手段とがその場に応じた階層構造をなすにいたる。つまり、行為の方向性、意識化、いいかえればその意図性が生ずるのである。

ピアジェがなぜ手と目との関係を執拗に観察したのか、なぜ観察すべきことが二つの行為の関係でなければならなかったのかよくわかる。彼は手と眼の二つの「動きの関係づけ」が「知能」の最初の働きだと考えていたのである。この関係づけが「知能」の中心にあるはずの「意図性」の、人間の子どもにおける誕生をあらわしている特別な出来事だったのである。リーチングはピアジェにとっては人のすべき最初の「知的な」作業なのである。ただしこの知能はダーウィンがミミズに見た知能とはずいぶんちがう。

このようなモデルをふつう心理学では「感覚間統合の理論」などとよんでいる。発達のはじめには身体の諸器官は、つまり眼も手も耳も口も……どこもかしこもばらばらに動いている。それらはやがて「一つの意図」の下に「統合される」ことによってまとまりを獲得する。この統合の働きが「知能」なのだという考え方である。

ピアジェが赤ちゃんの身体に見ていたことは、「意図」とよばれることだった。彼ははじまりの手に起こることを「意図」の誕生の物語として描いた。

リーチングのブルート・ファクツ

ピアジェの観察には、三名の子どもの手の動きのブルート・ファクツらしきことについては書かれていない。彼の観察ではどの子ども同じようなステップでリーチングしはじめるということになっている。最近、リーチングの発生についてのピアジェの主張は間違っていたと言う人があらわれた。異なる理論でピアジェの理論を論破しようとしたわけではない。ただリーチングのブルート・ファクツを観察してみると、ピアジェの記述と事実が矛盾していると言わざるをえないことを指摘した。

この観察をしたアメリカのエスター・テーレンは、ピアジェよりはダーウィンに

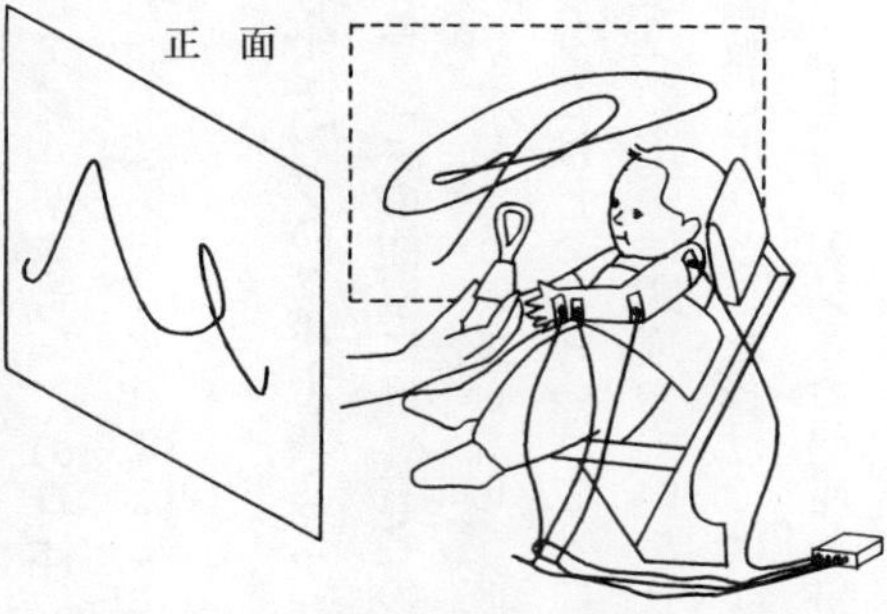

図５－７　リーチングの観察方法（Thelen 他，1993 より作成）

影響を受けているまだ数少ない発達研究者の一人である。彼女もピアジェのようにリーチングのはじまりを執拗に観察した。ただし彼女がこころがけたことはただ一つのこと。ありのままを見ること。つまり理論を媒介にして観察しないことである。だからダーウィンが植物に見ることができたように、乳児がリーチングを生まれてはじめておこなう、まさにその時に起こっていることに、そのまま出会うことにいくぶんか成功した。

彼女の発見とは以下のようなことである。方法は簡単である。四名の乳児を、誕生後三週から一歳までの間、一～二週間ごとに、図5―7のような大学の観察室のイスに座らせ

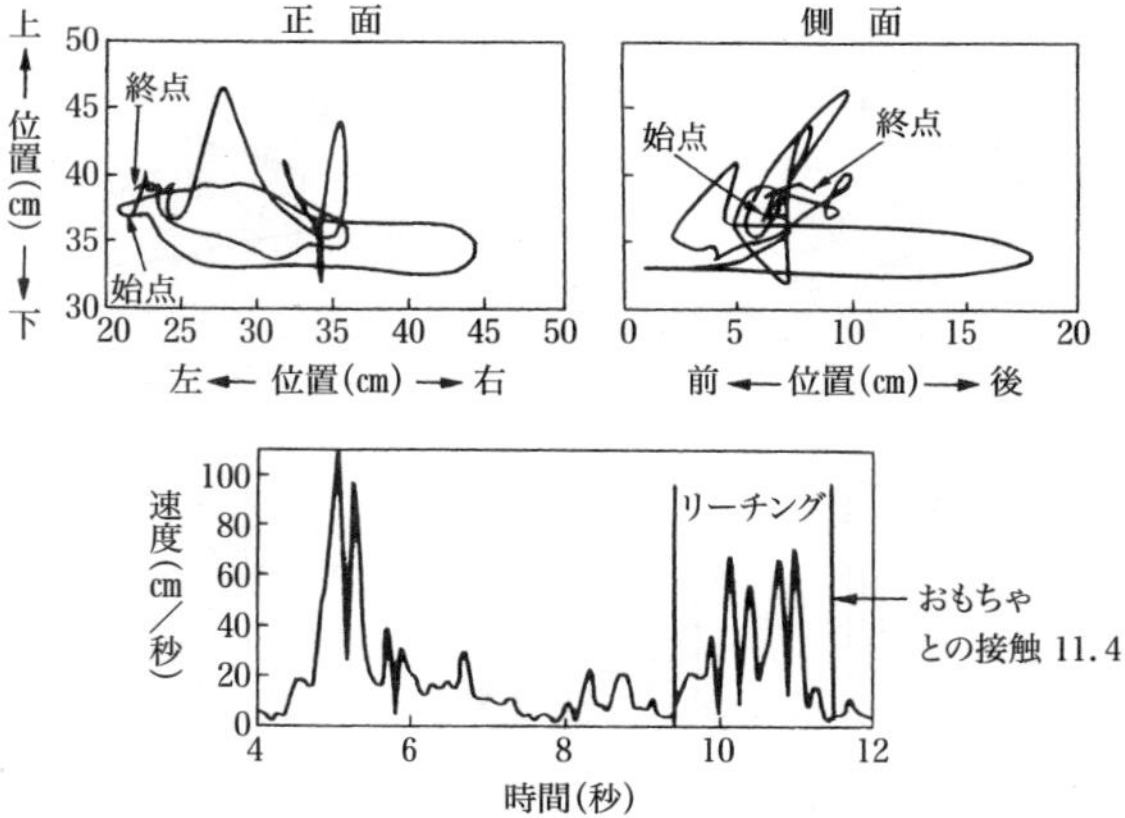

図５－８　ガブリエルのリーチング（Thelen他，1993より作成）

た。両肩、肘、手首には筋の電気的変化を記録するためのマーカーがとりつけられていた。ビデオの画面から手の移動と、速度が記録された。リーチングは、子どもが気に入っている人形をあやすように目の前に提示されたときに、それを見ながら、何度も安定して手で触れられることと定義された。

一人目はガブリエル（仮名、以下同じ）というとても元気のよい男の子だった。リーチングをしはじめる一～二週前、彼は目の前に人形を示されると両手によるリズミカルな「羽ばたき」のような速度のある運動をすることが

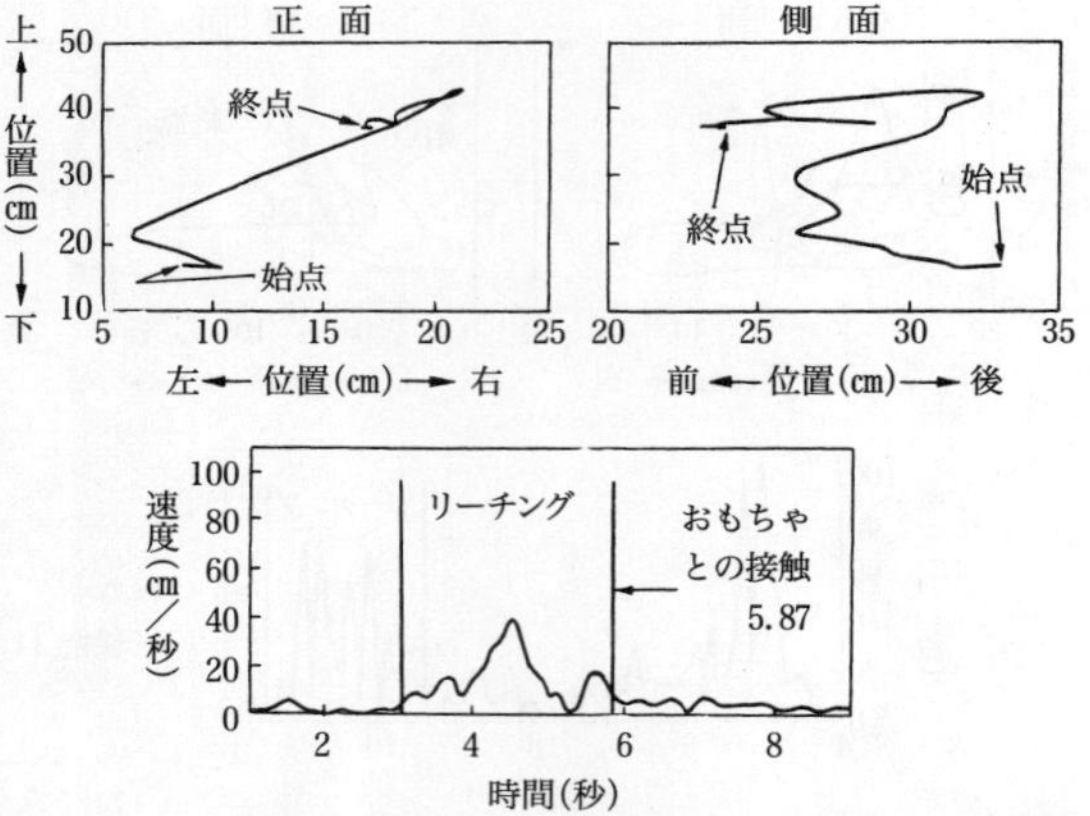

図5－9　ジャスティンのリーチング（Thelen他，1993より作成）

多かった。両手はちょうど速く動く振り子のように動いた。

図5―8はガブリエルのはじめてのリーチングの記録である。実験者のさしだす人形に、誕生後一五週のガブリエルの右手がふれる前後八秒間の記録である。はじめてのリーチングも両手を鳥の羽ばたきのように速く動かすいつもの運動のままおこなわれた。あちらこちらと方向さだまらない速度ある動きのままで手は人形にふれている。

筋の活動記録は、ガブリエルがリーチングをおもに肩の筋でおこなったことを示した。肩で腕を「ふりまわして」リーチングする、といった感じである。この記録は、手の動きを目でしっかりと見ながらコントロールして物への軌道をゆっくりとたどるという、ふつうリーチングについて言われていることとはほど遠い。

つぎも男の子。ジャスティン。二一週ではじめてリーチングした。静かな子どもで、両手を胸のところで曲げておくというお気に入りの姿勢があった。手はたまにしか伸ばされず、伸ばすときには片手が使われた。図5―9がジャスティンの最初のリーチングの軌跡である。ガブリエルとはまったく違う。動きはゆっくりとよく制御されている。止まった状態からリーチングがはじまっている。手は物の前でいったん加速して、物にふれる直前で急速に減速している。これは大人のリーチングとよく似ている。肩と肘と手首のすべての筋が利用されていた。

個性的な問題解決

テーレンはさらに二名、合計四名の乳児にじつにさまざまなリーチングのオリジナルを確認した。たしかに最初のリーチングがピアジェの第五段階のそれのように、対象への軌道をゆっくりとたどるようにあらわれる赤ちゃんもいた。しかしまったく違う動きもあった。観察する乳児の事例をふやせば、リーチングにはその開始時期も、そのあらわれも、もっと多様さが発見されるのだろう。物へといたる最短の軌道を律儀《りちぎ》になぞるリーチングというのもたしかに存在する。しかし、この理想的な軌道をどの赤ちゃんの手もなぞっているわけではない。

このような事実を発見して、テーレンは、リーチングのような行為の発達を、彼女が「イントリンジック・ダイナミクス（力学系としての固有性）」、つまり赤ちゃんの身体にはじめからある速度と運動傾向から考えるべきなのだといっている。静止したところからはじまり、ゆっくりと軌道をたどるような運動からはじめれば、ジャスティンのような手の動きが一つの解決としてあらわれる。しかしガブリエルのように鳥の羽ばたきのような運動をしながらリーチングを開始する場合には、その動きが物にふれるためにすべきことはまったく異なる。

リーチングという動きは、子どもの身体の「イントリンジック・ダイナミクス」からはじまる。物にいたる軌道は事前に一つの道を決められているわけではない。

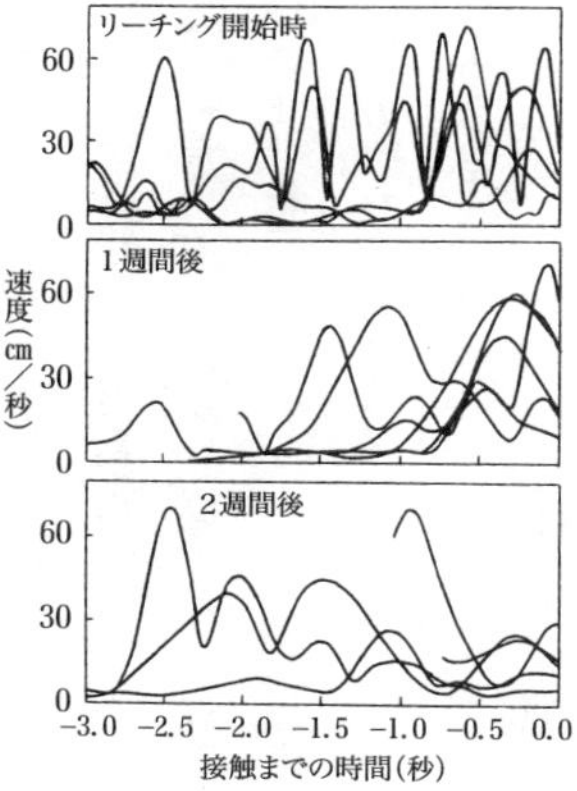

図5－10(a)　ガブリエルのリーチングの変化

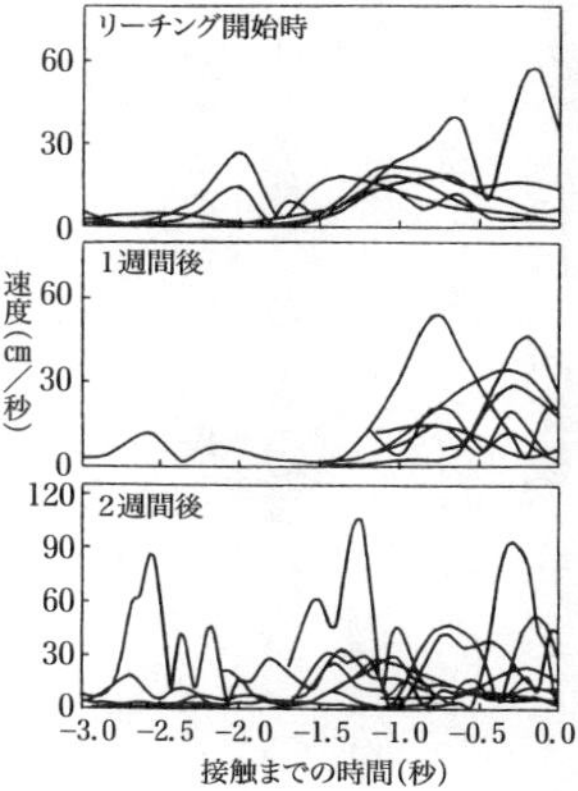

図5－10(b)　ジャスティンのリーチングの変化

(Thelen他, 1993より作成)

それはそれぞれの子どもに固有な動きが、その動きの中で独自に解決を探し発見することなのだ。植物の根が発見したトンネルのように、軌道は動きがはじまるまではどこにもない。手に固有な動きがルートを見つけ出すのである。リーチングとは個性的な動きによる問題解決のプロセスなのである。「個性的な問題解決のプロセス」はリーチングの開始にだけではなく、その後、一〜二週間の変化にもあらわれる（図5—10）。図には数回のリーチングの速度変化が示されている。ガブリエルのリーチング(a)はだんだん物の手前で減速するようになった。はげしい動きからのリーチングは力が制御されて「おとなしいもの」になった。一方、よくコントロールされた動きとしてリーチングを開始したジャスティン(b)では、逆にリーチングのしはじめに速い安定しない動きがあらわれるようになった。ガブリエルにとってはリーチングの発達は動きの多様性を減じ速度を弱めることを導き、ジャスティンにとっては重力に抗する強い力と速さをつくり出した。はじまりの動きも多様だったが、その後の発達のプロセスも多様だった。物に伸びる赤ちゃんの手のあらわれに見えてくることは多様なのである。

変化をともなう由来

リーチングの発達について、二〇世紀を通して心理学者は長い議論をしてきた。あるときにはリーチングは「生得的な動き」だとされ、そのすべてのプロセスがもともと脳だか遺伝子だかに本能として組み込まれていると言われた。もちろんこのような説には、誕生後の経験だけを強調する説が反論を展開した。ピアジェのように、リーチングは「意図」の働きの登場をまって達成される知的な構成のあらわれだと考える立場もあった。ほかにもいろいろな議論があった。おそらく二〇世紀の心理学は、一九世紀にダーウィンが執拗な観察という実践で示した、発達ということをどのように見るべきかについてのメッセージをとらえそこねていた。だから見ることよりも、理論にもとづく議論が先行してしまう。

ダーウィンのメッセージはシンプルである。まず、あらゆる行為は、ギゼリンがブルート・ファクツとよんだこと、テーレンがイントリンジック・ダイナミクスとよんだことからはじまるということ。そしてブルート・ファクツはまわりにあることに出会い、多様なことが変化としてあらわれる。ぼくらが行為に観察できることは「はじまり」と「まわり」と「はじまりからの変化」しかない、ということである。

ブルート・ファクツを強調することはいわゆる生得論ではない。ブルート・ファクツは変化の「たね」である。それは多様性の「たね」であって、将来に起こることを予期も決定もしていない。「はじまり」にあることと、それがその後に「まわり」と出会って起こる変化の原因が「遺伝か環境（経験）か」と議論することは、絶対に区切ることのできない水と水の流れのようなことに、あたかもちゃんとした境界が存在しているかのごとくする議論である。あらゆる生命はまちがいなく歴史の産物である。生きものは歴史をブルート・ファクツとして背負って、毎回この環境で一つの多様性を実現する。ぼくらの眼の前にあることはこの多様性にいたる変化だけである。遺伝だけでも、環境だけでもない。

「遺伝か環境か」という論争に飽いた人は「遺伝も環境も」と言いだした。「遺伝と環境との相互作用」などと言った。しかし二つのことが関係しているというのはあたりまえすぎて、何も言っていないに等しい。生きものの変化に起こっていることに遺伝と環境の相互作用を見るというのも、それぞれを見ることと同じに不可能である。

実際に生きものに見ることができるのは「はじまり」が「まわり」に出会って「変化」するということだけである。細胞からぼくらのつくる文明まで、発達には、はじまりと、まわりと、変化ということ以上のことも、それ以下のこともない。

ダーウィンは「エヴォルーション（進化）」という用語の使用をはじめは避け、後にも慎重だった。なぜならエヴォルーションという言葉には「狭いところにあったことが広がる」、つまり「最初からすべてがたたみこまれ予定されていることがあらわれる」という意味があったからだ。これはまずい。さらにこの語には「萌芽的な状態から生長した状態にいたる」という意味がこめられている。つまり変化の方向が「進歩」である、「一つの方向」に向かうことであるという意味がある。これもまずい。「予定」も「進歩」も彼が見ていた生きもののありのままの変化にはふさわしくなかった。そんな単純で一様なことは、最初から決まっているようなことは、どの生きものの変化にも起こっていなかったからだ。

種々の葉の動き、世界中の赤ちゃんの表情や手に長い時間をかけて起こっていることを想像してほしい。オリジナルの動きから、おどろくべき多様性が生じつつある。

ただこのことを表現するために、彼は「変化をともなう由来（descent with

いる。

modification)」という用語を選んだ。変化をともなう由来を見るということがどのようなことだったのか、本章で紹介した彼の植物についての観察によく示されている。

個体の変化にはこのように多様性がある。多様に変化した個体どうしは、相互に連関してより大きな多様性のプール（集まり）をつくりあげる。これが生きものの個体群がこの環境で実現していることである。行為とその発達を観察するということは、この個体の変化の個性と、多様な個性の群がつくりあげている個体群の多様性から何かがあらわれでるところをなるべくそのまま記述しようとすることである。「目的」や「方向」ではけっして語りつくせない自然のしている壮大で複雑な作業をその一部でも見るという試みである。

この困難な作業を避けて、ぼくらは行為に起こっていることを「意図」のような人間が考えだした図式で説明してきた。しかし変化があらわれつつある現場にあることとは関係のない「意図」のようなことをもちだす説明は発達にある本当のことから離れてしまう。弱い。意図という用語が悪いわけではない。もし起こっていることをありのまま説明する用語として意図を使用したいのなら、意図を多様性のプールに起こってくることと分離しなければよい。変化のともなう由来から分離されないこととして、どこかに事前にあることではなく、あらわれてくることとして意図を再定義すればよい。その時に意図は誰か（神や脳）のものではなくて、あらわれてくるそのままのことを指す言葉になる。ありもしない変化の原因ではなく、変化のすごさそのものを指す言葉になれる。

ダーウィンがしようとしたことはこのこと、つまり変化が起こるシステムと意図とを分離しないことだった。

第六章　多数からの創造

埋め込まれた自己

ピアジェは、誕生後はじめに獲得される「見る働き」が、手の動きをコントロールするようなことだと考えた。視覚を身体の動きの「監視塔」のようなものだとする考え方は根強い。たしかに、手で細かな作業をするときに、指先の動きをジーッと見ることはある。外科手術や陶器をつくるような専門的な作業から、食事をする、歩くといったような日常的な活動まで、眼で何かをよく見なくては進められないことも事実だろう。

しかし、眼が見る何かが、いつも手そのものでなくてはならないわけではない。テーレンの赤ちゃんたち、とくに手をはげしく動かしてリーチングをしはじめた子どもでは、見ることは、少なくとも自分の手を凝視することではなかったはずだ。もし「鳥の羽ばたき」のような動きから、方々へグニャグニャと曲がる軌跡で、リーチングをしはじめたガブリエルが、自分の手を見つめていたら眼がまわっただろう。

第四章で示されていたように、カツオドリやロング・ジャンパーにとって「自分分」を見るということだった。

二〇世紀の感覚心理学は、視覚、聴覚、触覚、味覚などを「外」受容感覚とよび、筋や関節にある感覚器を「自己」受容感覚とよんだ。知覚の対象を外と自己に大きく二つに分け、外の世界を知ることと、自分の身体について知ることとは、異なる器官によって分担されていることだと言ってきた。このような「分業論」はいまではだれもが口にする常識であるが、おかしい。

ぼくらが道をまっすぐ歩いているというときに、何が見えているのか観察してほしい。「移動している自分」は見えの変化の中に見えている。「まっすぐ歩く」ために使われている情報の中で、自覚できることはごく一部だろう。たとえば、横につらなる壁の見えの変化（壁との一定の幅が維持されていることを特定する情報がある）、前をまっすぐ歩く人の見え（その人がまっすぐ歩いているということも、その人を自分がまっすぐ追っているということも見えの中にある）、ずっと先に見える物の変化（それが動いていないならその見えの中にはそこを中心にして肌理の拡大が起こる焦点があるはずだ）などの、多様な見えが自分が「まっすぐ動いている」ということを見せている。

眼をつむって、これらの光の情報から切り離された状態で歩こうとすると、まっすぐに歩くということがいかに難しい行為であるかがわかる。失明するとすぐには歩けない。音の情報や接触の情報だけでまっすぐ歩けるようになるまでに長い時間がかかる。何年もかけて新しい情報を探さねばならない。

グライダーのパイロットは、このような光の情報を使って操縦している。彼らは、遠くに見える「山の稜線」や水平線、地平線のような、環境に持続してある「ヘリ」の部分の見えと、ずっと手前、自分が操縦している「機首」の上端部分の見えのつくる「幅」に機体の「姿勢」と「速度」の情報を知覚するという。パイロットたちはこの幅のことを「目安」とよぶ。「目安」が広くなることは、機体が下向きになり、速度が上がったことを知覚させる。狭くなることからは逆に機体が上向きであり、速度の下降を知覚させる。着陸のような、複雑な機体のコントロールも、見えの変化だけでおこなう。種々の計器類に表示されることも使わないではないが、グライダーのパイロットはとにかく眼を第一にたよって、機体の姿勢をコントロールしている。「有視界飛行」とは「目安」で飛ぶことである。飛ぶことで機体の外に知覚されてくることが機体姿勢をコントロールする。

このように「包囲光に見える自己」は「視覚的自己」とか「視覚的自己受容感覚」とよばれる。音の変化にも、そして匂いや味の変化にも、おなじように「自己を特定する情報」が含まれている。音の中には自分がたてるまばたきや息の音のようなセルフ・ノイズの音もあるが、それ以上に、音源への頭の方向や、音源との距離や、音源と何秒後に接触するのかといったようなことを音響学的な変化に特定する情報がある。接触の中には、皮膚の弾性や全身の動きの癖のようなこととしてあらわれてくる自己の情報がある。胃腸の具合のようなことは、食べ物の味にもあらわれる。

環境を知るということは、自己を知るということでもある。知覚情報には自分以外の「外部」についての情報と、自分の身体についての情報という、二つのことが、切り離せないかたちで共在している。光の中にも、ふるえの中にも、接触の中にも自分がちゃんと「いる」のである。自己はどこにもあらわれている。

こう考えてみると、手の動きはそれを文字通り見ることでコントロールされなければならないと考えた「感覚間統合のモデル」の主張が、非常に特殊な眼と手の関係についてだけあてはまる議論であることがわかる。感覚間統合のモデルは眼と手には、上下の「階層関係」があると考えていた。しかし自己身体についての情報は、あらゆる知覚に「共在」するものであり、自己はいつも知覚される世界に登場しているのである。

環境と自己が知覚経験において二重になっていることを認めると、知覚システムどうしの関係について、新しい見方がひらける。

多数による接触

身体は環境と多重に接触している。

たとえば手がどこまでとどくのか、という問題については、クラウディア・キャレロらが、一九八〇年代に、視るシステムが光の中に「手がとどくところ」を誤差数センチの精度で識別していることを発見した。たしかめてみるとよくわかる。誰かに自分に向かって歩いて近づいてもらう。その人が自分の手のとどく範囲に入ったと見えたら「止まれ」と言う。そして実際にそこまで手を伸ばしてみる。伸ばした指先のわずか先に、その人の止まった位置があったはずだ。

第四章の棒の知覚実験が示したように、身体を振ることで、棒に延長した身体の先端のとどくところもよく知覚できる。

最近、ローレンス・ローゼンブルームらが、ほとんど同じ程度のたしかさで、大気の振動の場、つまり音にも手のとどくところが知覚できることをたしかめた。プラスチックの容器にクリップを何個か入れて、その音を聴いている人にいろいろな方向から徐々に近づける（あるいは遠ざけてもよいだろう）。手でとどくところの境界は正確に聞き分けられる。

こういうことだろう。何か棒をもって、環境にある物を追うような場合、たとえば捕虫網で蝶々を追っているような時に、ぼくらは網に延長した身体のとどく境界を、光の変化の場にも、音の変化の場にも、手と網が一体となった揺れの場にも知覚している。ぼくらは光だけでも、音だけでも、振れだけからでもなく、多種の情報から蝶々へのアプローチの可能性を探っているわけだ。問題はこれら多種の情報の関係だ。

ジャグラーが得る情報

長い学習をしてはじめて成立するような難しい知覚と行為の技を観察すると、環境との接触が、いくつものシステムで、多重におこなわれていることがよくわかる。ピーター・ビークらはジャグリングという技を観察した。大道芸やサーカスなどに見られるジャグリングでは、使用する手の数よりも多くの玉を上空に投げ上げて、受け取り、また投げ上げるということをする。たとえば一つの手で二つの玉。二つの手で三つの玉。二人の四つの手で六つの玉。二つの手で三つの玉の場合の、玉と手の動きの軌跡を図6—1に示した。玉はいつも身体の両端でキャッチされ、身体の真ん中に近いところまで持っていかれてから上に投げ上げられる。

この技は単純そうに見える。玉を高く投げ上げるほど、他の玉をあつかう時間に余裕ができるので、ただ高く投げればよさそうに見える。しかし、実際はそう簡単ではない。玉の高さはそれほど時間の余裕を増加させないし、高く上げることは玉の落下位置をばらつかせることになる。ただ高く上げればよいのではなく、投げ上げる力と、正確な位置に落下させるということ、この二つのことの微妙な知覚的調整が、この技の達成していることである。

この問題を知覚と行為はどのように解いているのだろう。分析してみると、玉の飛行時間のばらつきが、玉を手でもって移動させている時間や、玉を受けとるために手が動く時間のばらつきよりも小さいということ。つまり玉にできる動きのサイクルのばらつきが、手の動きのサイクルのばらつきよりもいつも小さいことがわかった。つまりジャグラーは玉に一定の動きをつくりだし、それを保ち続けるよう

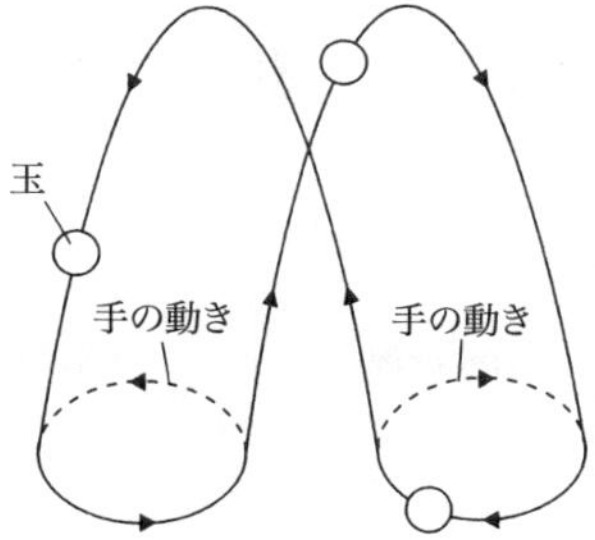

図６－１　ジャグリングの「玉時計」(Beek他, 1996より作成)

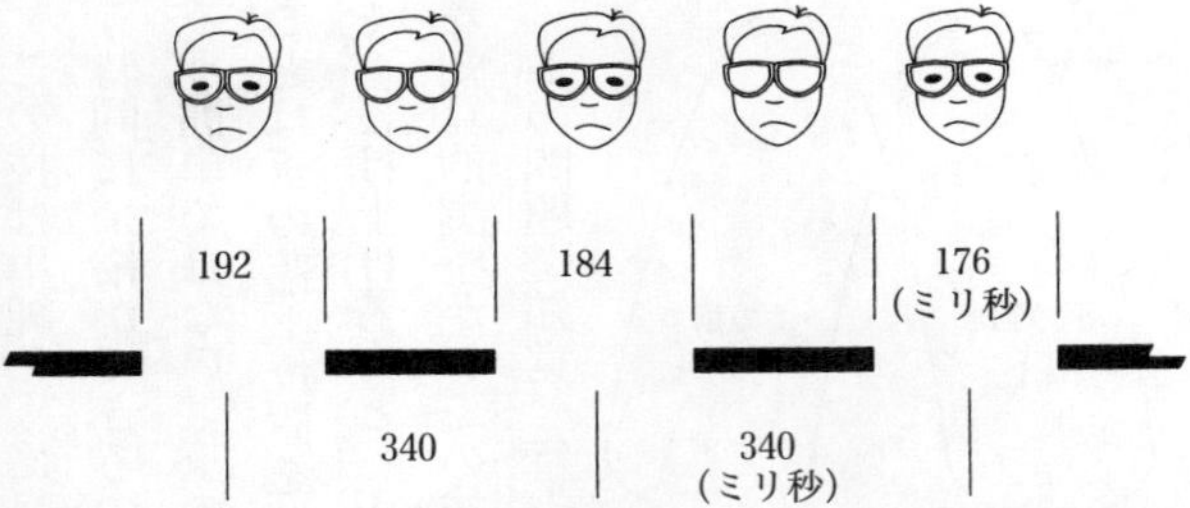

図6－2　見えの時間を減らしてゆく（Beek他，1996より作成）

に手で玉に接触している。ジャグラーは一定の周期で動く「時計」のようなものを複数の玉の動きにつくりだし、それを手で維持している。この「時計」のような玉の動きが手がそれに協調する情報となっている。

　さてジャグラーはどのようにこの玉のサイクルにふれているのだろう。まずは眼だ。ジャグリングを学ぶとき、先輩ジャグラーはボールの軌道の頂点を見るようにと言う。たしかにジャグラーは上を向いてボールの上がりの頂点をよく見ている。ビークらは、図6―2のようなトップの位置にある玉の見えの時間を変えられるようなシャッター付きのゴーグルをつくった。それをジャグラーにかけさせて、どんどんトップの見える時間が短くなるようにしてみた。なんと、うまいジャグラーは三つの玉を使う場合で、二四ミリ秒の見えさえあればジャグリングを持続できた。イギリスの最高レベルのジャグラーでは五個の玉を頂点の一五ミリ秒の見えだけでコントロールできた。

しかしこれは驚くほどのことではない。ジャグリングの最高度の熟達者は、玉のサイクルの微妙な知覚的調整を、見なくても手の接触が得る情報だけでもおこなえる。二〇世紀の初頭のアメリカの心理学者ウイリアム・ジェームスは、最高の技術をもつジャグラーが四つ玉のジャグリングを、本を読みながらでもし続けられたことを報告している。

空中で複数の玉の動きがつくるサイクルに、訓練を積んだジャグラーは光の情報によっても、手の接触の得る情報によってもふれている。熟達したジャグラーは玉のサイクルに「多重に接触している」のである。

複雑な情報への接近

たとえば燃えさかる「炎」という出来事は、光の融通無碍《ゆうずうむげ》な変形であり、パチパチあるいはボーッという音をたてる大気の独特なふるえ（音）であり、煙やススの放散との接触のことであり、皮膚がそこから熱を伝導され続けることでもある。炎という出来事はこれらのすべてである。この複雑な出来事に、複数の知覚のシステムのすべてがふれている。知覚システムの側からすれば、炎という一つの出来事は「冗長」な情報を提供している。

ジャグラーの手は、まずは玉の頂点の光の変形に協調するシステムとして、つぎに玉の落下点での情報に接触し協調するシステムとしてあらわれる。技の上達は出来事にふれるために複数のシステムをどれでも利用できるようになるということであるように見える。実際には上達したジャグラーはおそらく「玉時計」の前で、いくつものシステムを「共に働かせている」だろう。彼らはどのシステムでも玉にふれられるのである。そこにはシステムの「多重性」が観察できるかもしれない。

数日、数ヵ月、数年の経過に観察できるこのような知覚システムの複数化という変化は、大きな時間スケールに起こったことでもあるだろう。進化の時間で、複数の知覚システムはある時に一挙に誕生したのではないはずだ。最初に世界にあったのは、動物の知覚システムではなくて、環境の方であった。森の炎や、地面や水や空気は、生きものに眼や耳や皮膚や鼻や喉ができる、はるか前からこの環境にあった。環境の複雑さがさきにあり、それが徐々にそこに生きる動物の身体にも複雑なことを生んだ。

ジャグラーにズレながら徐々に玉の動きに協調する知覚の器官の組織化が誕生したように、知覚システムの系統発生にも、複数化の際に発生のズレがあったはずだ。進化でも、個体発達でも、システムは複数化、多重化し、それによって得られる情報は冗長になった。

しかしこのような知覚のシステムの区分けを前提にして発生のズレや多重性について語るような議論はどこか単純すぎる。この議論はまだ感覚器の固定した区分けにとらわれている。なんども確認すべきことは、最初にあったのが環境の複雑さの方で、知覚の器官の方ではないということだ。

とすれば、先の炎の記述は単純すぎることになる。炎とは光と音と化学的放散と熱伝導などがただ多重に冗長にある出来事ではない。炎とは光と音と匂いと熱などが独特に関係する出来事であり、このいくつもの情報の複雑な関係の仕方こそが炎の本質である。そこにあることを知覚システムの用語で区切って語るのでは、この炎のリアリティに迫れない。いくつもの情報がただ並行してバラバラにある「ヴァーチャルな炎」をつくっても、ぼくらはそこに炎のリアルを見ないだろう。知覚の器官が環境をつくるのではなく、環境にあることが知覚の器官をつくった。だから知覚の器官は、この情報の関係のレベルでの環境の複雑さに「なじむ」ように変化してきたはずなのだ。

どのようにすればこの複雑さをあつかえるのか。第四章で見たように、原始的な定位の器官である「平衡胞」と身体の地面に接する脚の底面とがつくる情報に、ギブソンは「器官の関係がつくる情報」「情報どうしの関係による情報」を見ていた。彼はその関係を「共変（コーバリエーション）」とよんだ。このようにシステム間の関係について想像することが知覚システムのピックアップしている情報の「複雑さ」を考える一つの方法である。

ギブソンは、この平衡胞についての議論で、ぼくらが「五感」から知覚について語る慣習を本格的に超える方向を示した。もちろん神秘的な「第六感」があるのではない。システムの関係があるのだ。

個体発生でも系統発生でも、一つの知覚の器官に、もう一つの器官が加わることで、情報は冗長になっただろう。しかし、アフォーダンスの探索にもう一つの器官が加わることで生ずることは多重化にとどまらない、すでに成立して活動していた知覚のシステムと新しい知覚のシステムの境界は、新しいシステムの参入でもう一度探られたはずだ。二つのシステムの関係は、ある場合には組み換えられただろう。つまりシステムのすることは他のシステムと出会うことで変化したはずだ。視ることに音が加わったとき、視覚情報がどのように変わるのか、二〇世紀のぼくらは「サイレント・ムービー」が音つきの「トーキー」に変わることで体験した。音が加わることで、映画の視覚的構築も質的に変わったのだ。同じようなシステム間の関係の本質的な変化が新しい知覚システムの発生の時には起こっている。

人間の眼を中心とする視るシステムは、最初から今のようなシステムではなかった。耳を中心とする聴くシステムや、接触のシステムなど、他のシステムとの関係で、その働きも構造も変更してきたはずだ。現在の眼は現在の耳や現在の皮膚のあり方と連関して存在している。これからもぼくらの活動が環境のちがうレベルに出会うことで、新しい知覚のシステムが登場し、今あるシステムの関係のすべてと、個々のシステムの活動が変化する可能性がある。

このように知覚の器官が相互に関係をもち、共変し複雑な情報を獲得できるようになるにつれ、動物の知覚できることの複雑さは環境にある複雑さに徐々に近づく。このように「環境になじんでいく」ことが生きものが長く生きていると起こることである。

ダーウィンはこのように進化するシステムに起こる、連関する変化を、『種の起原』で「成長の相関」とよんだ。彼はいつも単独で変わることではなく、システムに起こる変化について考えていた。

彼は「存在のためのもだえ・あがき（ストラグル・フォア・イグジスタンス）」という言葉で、種の間の関係がいかに複雑で予想外なものであるかを強調した。あるところではネコの数が多いとハチの巣が多いというような事実がある。それはネコが捕食するノネズミがハチの巣の破壊者であるという事実を知ってはじめて連関する事実である。ある動物の身体や行為の形態はいつも生きる場を共有する他の動物の形態と関係をもっている。生きものに起こる変化は他のものとの複雑な関係の織物の中で起こる。したがって眼の前に見える少数のことの関係に安易に「原因」と「結果」のようなことを探してはいけない。「生存闘争」と訳されているこの用語にダーウィンがこめた意味の一つはこのようなことだった。

知覚のシステムも世界にある情報の複雑さに応じて、どこまでも関係し合って変化している。知覚のための多数の器官とアフォーダンスとの関わりについて考えるとき、ぼくらはそこには個々の知覚システムが利用している情報のシンプルさをまず見てしまう。しかし炎に実際にあることは光と音と化学的放散などの複雑な関係の織物であり、炎はたとえば視覚の器官をもたない動物にとっても、やはり複雑な炎なのである。光を欠くことでその複雑さがまったく失われてしまうわけではない。

世界には知覚システムをこえた複雑な情報がある。この複雑さに対応する複雑な関係のシステムをあらゆる場所で生きつづけた生きものの身体は獲得しつつある。どこか（脳？）で各感覚器からの入力が「統合」されているわけではない。

多数の歩行

この複雑さをテーマとするために、身体を単数ではなく、相互に関係するものの集合として描き変える必要がある。

とくに知覚のために組織された器官ではなくとも、一見、一つに見える身体の動きが、じつは多数の動きの集合であるということがある。たとえば「歩く」という行為である。歩く行為は一つの動きに見える。一九八〇年代までの運動発達研究は、歩くという一つの動きがどのようにして順序だって獲得されているのかということを問題にしてきた。しかし赤ちゃんに「歩くパタン」を探していると、思いがけなくいろいろな歩行が同じ時期に共存しているという事実に出会う。

たとえば生まれたばかりの赤ちゃんは「反射歩行」とよばれる両脚の動きをする。誕生のすぐ後に、大人が赤ちゃんのからだの両脇を支えて、両足の裏を少し床に接触すると、ちょうど歩行と同じパタンで両足交替の動きがあらわれる。これを運動生理学者は「本能的な行動をつかさどる脳の下位にある運動中枢に蓄えられているる歩行パタンのあらわれだ」と説明した。「反射歩行」はふつうは誕生後、数週間すると見られなくなる。そのことは「脳の上位の運動中枢による下位の中枢の反射機構の抑制」の結果であると説明された。反射歩行が消えるという事実は、誕生後に急速に起こる脳の変化と結びつけられて説明されてきたのである。しかし、九〇年代の観察がこの説明に疑問をだした。

反射歩行の動きのパタンを細かく解析すると、それは乳児が仰向けでおこなう両足による「蹴り」によく似ている。反射歩行はたしかにほとんどあらわれなくなるのだが、それによく似ている「蹴り」の動作は一歳になるまでズーッとあらわれ続ける。二つの動きが質的に同じものだとしたら、一方が消え、他方が消えないということを「上位の中枢の成熟による反射パタンの抑制」で説明することはむずかしくなる。おなじ動きのパタンを、それがあらわれる状況に応じて中枢が選択的に抑制しているとは考えにくいからだ。

謎を解くために、反射歩行を赤ちゃんに毎日やらせてみた研究者がいた。すると消えると言われてきた反射歩行が誕生後一年間ズーッとあらわれ続けた。ただしこの動きが、特別の訓練なしでは消えてしまうことも事実である。なぜ反射歩行だけがあらわれにくくなるのだろう。

仰向けであらわれる「蹴り」と、誰かに上体をもたれて立たされた時にあらわれる反射歩行で異なるのは、下半身にかかる体重の負荷の量である。体重の増加にともなう両脚の動きへの重さの負荷は反射歩行の場合にだけ大きい。この負荷をとりのぞくために、第五章でリーチングを観察したエスター・テーレンのグループが、赤ちゃんの腰から下を、温水の小さなプールにつけた。すると、すでにほとんど見られなくなっていた反射歩行が水の中ではふたたびいきおいを増してあらわれた。空気中ではすでに全然反射歩行をしなくなった赤ちゃんでも、温水の中だとふたたび歩行様の両脚交替の動きをしはじめた。つまり、反射歩行は立たされる姿勢で重力の影響により起こりにくくなっているだけであり、誕生後長い期間赤ちゃんの行為のレパートリーにあり続けているのである。そのあらわれは脳にではなく、体の重みに影響されていたのである。

テーレンらはさらにもう一つの歩行を発見した。

彼女らはすでに反射歩行をしなくなった七ヵ月になった赤ちゃんを、一秒で一〇センチと、とてもゆっくり動くトレッドミル（スポーツジムなどにある、ベルトでできた動く床）の上に上体を支えて立たせてみた。と、赤ちゃんの両脚がまるで歩行しているように動きはじめた。動く床に出会って脚にあらわれるこの動きは、床の速度にその動きを同調させた。つまり床が速くなると、両脚交替の動きもそれに一致するように速いサイクルになった。このトレッドミル上の歩行は、動く床の上だけで起こり、速さという環境の変化によく対応する。反射歩行とは明らかに異なる歩行である。一歳ごろからはじまる、自分で何かにつかまって立って、そしてゆっくりと歩きはじめるという、いわゆる「独立した歩行」とも異なる歩行である。「トレッドミル歩行」は「もう一つの歩行」なのである。

赤ちゃんは、「反射歩行」、仰向けであらわれる「蹴り」、動く床に同調する「トレッドミル歩行」、自分で立つことが前提となる「独立歩行」という四種の歩行を

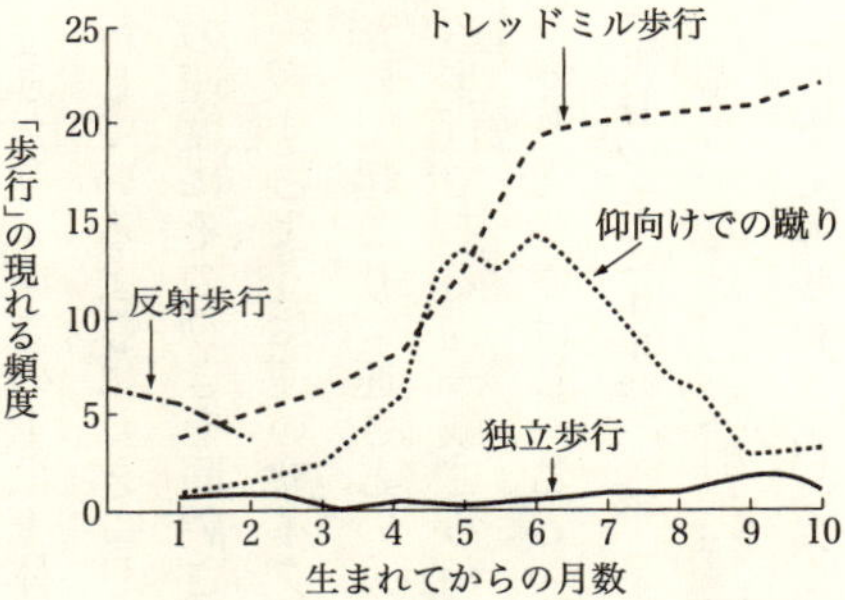

図６－３　誕生後１年間に見られる四つの歩行の発達経過（Thelen他，1994より）

同じ時期にしている。誕生した後の一年間で四つの歩行には異なる発達の経過が観察できる（図6―3）。

歩行の発達はこのように多数の歩きからはじまる。おそらくどの具体的な歩きもこれらの「歩きの集合」からあらわれてくる。一つに見える歩行は、どうやらそれぞれが異なる環境と強く関連しているいくつもの「歩行たち」に起源をもっている可能性がある。一つの歩行があって、それがズーッと続いていて、徐々に姿を変えていくというのではなくて、発生の文脈のちがう動きの集合としての「歩行のプール」があって、そこから歩きのパタンがあらわれてくる。

手の動きのプール

手に多数のことを探してみよう。

たとえば高さの見えない暗い天井からぶらさがっている一本のヒモをみつけた時に人の手は何をするか。もちろんヒモにあるアフォーダンスを知るためにいろいろと探索の行為をしかけ、情報を探る。ヒモはどのような材質でできているか、強さ、太さは体重を支えられるか、太さは均一かどうか……そのように吟味されることの一つに「ヒモがどこからぶらさがっているか」ということがあるだろう。

目隠しをして、ヒモのぶらさがりの頂点（床から七〇～一九〇センチまでの間）の位置を知覚するようにいわれた手の動きを観察した三嶋博之は、その時に手が思いがけなく多様な動きをしはじめることを見た。ヒモには四種の長さ（七〇、九〇、一一〇、一三〇センチ）があり、ヒモの下端はいつも床面から同じ高さになるようにされ、知覚者はその下端を持たされた。ビニロン製の重いヒモ（直径〇・六センチ）とビニール製の軽いヒモ（直径〇・二センチ）の二種類のヒモがいろいろな高さからぶらさげられた。

図（6―4）に示したが、手の動きは多様であった。一つはヒモがゆるんだ状態

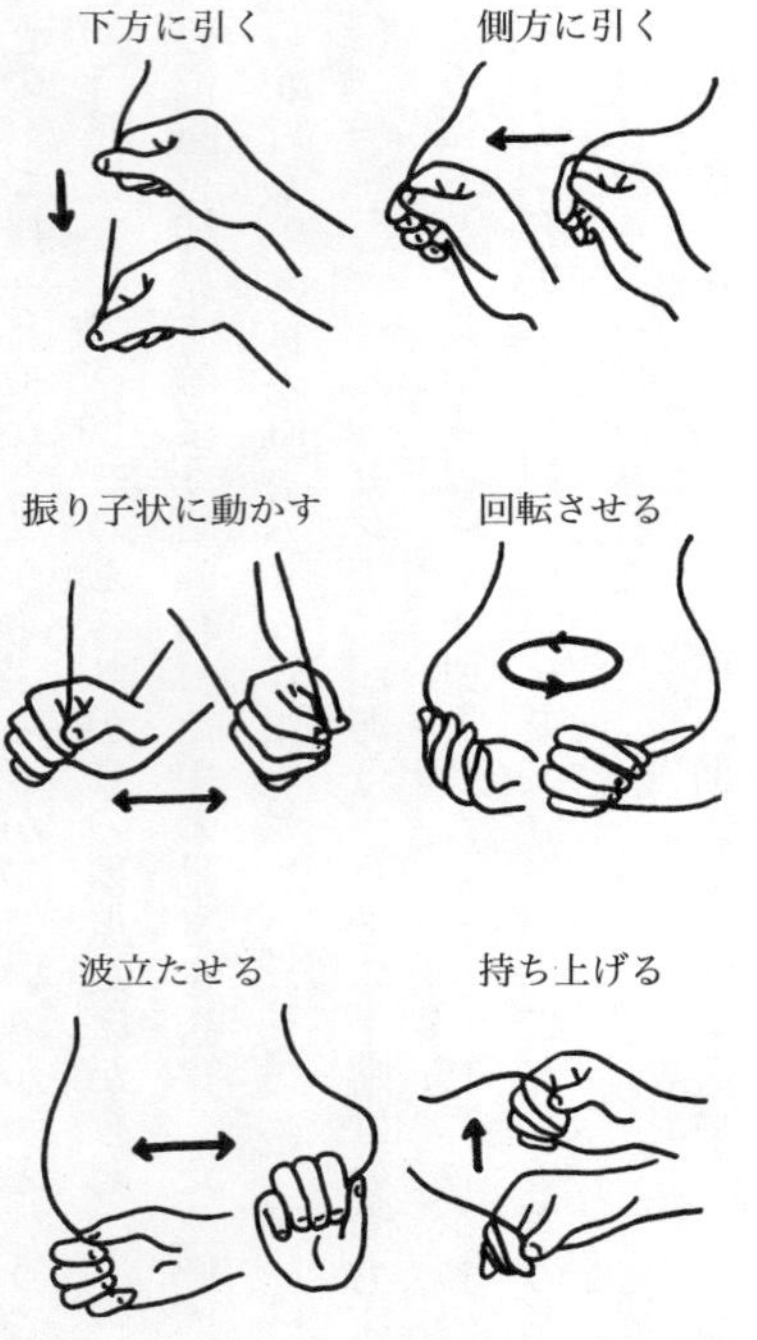

図6－4　ヒモのアフォーダンスを探る手の動き（三嶋博之の研究を参考に作成）

にしておいて「ツンツンと下に引く」こと。「まっすぐ下に引く」場合と、「側方に引く」場合があった。ヒモの結びの頂点を中心として、引きながら左右に「振り子のようにスイングさせる」動き。ヒモをゆるめた状態で動かす手の動きもあった。ヒモの「先端をつまんで小さくクルクル回す」もの、ヒモをつまんでいる下端から波がどんどん上におよんでいくように「波立てる」もの、ただヒモを「持ち上げる」ようにして一秒以上保持しているものなどがあった。

観察の結果は、人の手がこの程度の長さのヒモのぶらさがりの頂点の位置を、相互に混同せずに識別できることを示した。

ぼくらはヒモを眼で見ても、そこにどのようなアフォーダンスがあるかについて十分に知ることができない。そこで手で接触する。多様といっても無限の動きがあらわれるわけではない。手のふれたヒモにある多種のアフォーダンスが「多数の手の動き」のあらわれを制約する。この場面で知覚するようにもとめられたヒモの性質を特定する情報は、このような手の動きのプールとヒモとが時間をかけて接触する中からあらわになってくる。ヒモが重い場合には、手の動きが徐々に重さに感受性をもつ、ヒモをゆるめた状態で回したり、波立たせたり、持ち上げるものに占められていくことが示された。手の動きの集合が環境に接触してどのように変化していくのかは、探されるアフォーダンスによって異なる。

微小な行為の群れ

とくに実験的な場面でなくとも、とくに何かを「探索している」などと自覚していない場合でも、手はいつも多数の動きのあらわれるところである。

ぼくらのグループが最近観察してきたのはコーヒーを入れるとか、食事をするときの手の動き。まったく日常的にふつうの手のすることを見ている。じつにたくさんの動きが見えてくる。ぼくらがとくに注目したのはブレのようにあらわれる手の微小な動きである。

手の微小な動き（微小行為と略す）には四つの種類がある。

一つは、手がカップをつかむように伸ばされる時に、動きはじめや、カップのすぐそばで、手がわずかにその動きの速度を遅くする、あるいは一瞬止まる、微小な「躊躇《ちゅうちょ》」。第二は、ある物に向かっているように見えた手が、とちゅうで動きの軌道を急にスッと変えて、他の物に向かう、微小な「軌道の変化」。第三が、遠くのカップに手を伸ばす前に、それよりも近くのカップにわずかに触れてしまう「無意味な接触」。たいがいの場合、この「無意味な接触」は非常に弱い力でおこなわれるので、物の位置を変化させることはない。第四が、物に向かう手が、直前でその形状を変化させる微小で急速な「手の形の変化」。これはたとえば手がカップを手のヒラ全体でかこみ持つように広く開いて差し出されたのに、カップの直前で手の形が、カップの横の把手をつまむ大きさにスッと変わるような動きである。

おそらくあらゆる行為には、ぼくらが手に見たような微小な動きを含んでいる。どの自然な発話もかならず「言いよどみ」、「エー」とか「アー」などという喉の音をともなうわずかな停滞や、言いかけ、言い直し、などに満ちている。発話とは一つの流れではなくて、出かかっては消えていく多数の音のせめぎあう場である。微小行為とは手に観察できる「言いよどみ」のようなことである。ふつうの食事場面では、一分間に一回以上、手に微小な行為があらわれている。

微小行為のあらわれには種々の条件が影響する。今していることに使える物も使えない物も一緒になって、たくさんの物が乱雑にテーブルの上にあるような場所で行為する場合には、微小行為が多くなる。環境の複雑性が手の動きのあらわれの多様性と関連している。しかしいくらシンプルな環境を設定して、同じ行為を繰り返しておこなった後でも、手の微小行為がまったくなくなるということはない。微小行為は学習することで減らすことができても、なくならない。

行為によってあらわれる環境の「向こう側」

この手の微小な行為をじっくりと観察した鈴木健太郎は、いくつかの事実を発見した。

たとえば誰かにインスタント・コーヒーをカップに二杯入れて、とたのむとする。一杯にはミルクだけで、ほかのにはミルクと砂糖を入れて、とたのむことにする。そしてコーヒーを入れる手をじっと見る。何十人もの手を見た。第一の発見はコーヒーを入れ終わるまでの行為の系列がじつに多様にあるということ。

この要求に応えるためには「カップを二つ並べておいて、コーヒーの粉を二つのカップにつぎつぎに入れて、両方にミルクの粉をつぎつぎに入れて、つぎに一つのカップにだけ砂糖を入れて、そして両方にお湯をそそぐ」というふうにやればスイスイ速いが、そんなふうに「最短の系列」で行為をつなげていく人はあまりいない。人というのはこういう場面で、まず何かをやってみて、つぎに何かをしてみて……というふうに少しずつ行為を進行させていく。

たとえば一つのカップにコーヒーを入れる。するとそのカップの底は茶色のコーヒーの粉で満たされる。つまり環境の一部の見えが変化する。その変化した環境に、つぎの変形をしかける。たとえばお湯を入れてもいいし、ミルクや砂糖を入れてもいい。もし砂糖を先に入れれば、つぎにお湯を入れてもいいし、ミルクを入れてもいい。というふうに、人は自分の行為が変えた環境を見ながら柔軟に行為を連結して、「二杯のコーヒーが入った」という最後の見えにまでたどりつく。

じつはこのレベルの行為よりもさらに細かな行為のレベルがある。たとえば砂糖を入れるという行為は「砂糖の容器を持ってくる」、「スプーンを持つ」、「スプーンで砂糖をすくいカップに入れる」、「砂糖の容器をもとにもどす」、「スプーンをもどす」などのもっと「細かな」行為から成立している。

環境を変形する（コーヒーが入っている状態）ために、行為がすることはきわめて多岐的である。分岐点は無数にある。四つの種類の手の微小行為は、これらの分岐のどこででも起こるのだが、ほかよりもたくさん微小行為の起こるところがあるというのが二つ目の発見だった。

微小行為は「砂糖を入れる」という行為の系列の細部のところ、つまり「砂糖を入れるためにスプーンを持つ」とか、「砂糖の容器を持ってくる」のようなレベルではなく、「砂糖を入れる」が終わって、つぎに「お湯をそそぐ」とか、「コーヒーを入れる」とか、「ミルクを入れる」のようなことが開始される行為の区切れ目の間で多く起こった。新しい物の登場するところでより多く起こった。

こういうことだろう。行為をするとそれにともなって環境の「見え」が変化する。第四章で言ったように、料理する、着るものをコーディネートする、庭の木の枝を刈り込む、文章を書く、車を洗う、なんでもよい、行為によって「環境を変えていく」とき、行為によって環境の見えが変わる。行為はこの行為がつくった変化によって予期的につくられている。行為が変えた環境の見えが、引き続く行為を導く。ぼくらは行為の環境におよぼした結果に、つぎの行為の可能性の幅を見る。

つまり行為をするということは、いつもどこかの「曲がり角」に差しかかり、角の向こうにあることを見る、というようなことなのである。この「曲がり角」は行為する前からあったわけではなく、行為があらわにした「曲がり角」である。行為は環境に「ヘリ（縁、変わり目）」をつくりだし、つぎの行為はこのヘリのところでおこなわれる。ぼくらは行為しながら、環境の「向こう側」が少しだけ見えるところをつくり出しているのだ。

この「ヘリ」にいくつかの種類がある。走り幅跳びの選手の歩幅の変化に見たように、何をするにも「助走のはじめ」のようなブレの少ないところと、「踏切り前」のようなブレの多いところがある。コーヒーを入れる時にも「助走」と「踏切り」のようなところがある。コーヒーを入れる場合には、新しい「物」の使いはじめが、「踏切り」なのだ。カップに「コーヒーの粉が入った」とか、「砂糖が入った」とか、「ミルクが入った」とか、一つの物が環境に加わった時につぎに物に向かう行為は「助走」ではなくブレの大きな「踏切り」になる。そこの「曲がり角」では、手の動きのプールにある多種の微小行為が一挙にあらわれる。

多種の微小行為のとくにあらわれやすい行為の変更点があるという発見は、そこでは「つぎの行為のアフォーダンス」が、格別に多様に探られることを示している。つまりこのようなところでは「曲がり角」は一つではない。そこでは一挙に多くの方向に分かれた曲がり角（視覚的にイメージできないが）を行為は知覚しているのである。「踏切り板」は一つであるが、踏切り方は多様であるように、じつは踏切りの周辺とはほかのところよりも多くのアフォーダンスの探されるところなのである。だからそこでは行為はぐんと多様になり、多数にばらける。

ぼくらが行為をするときにはアフォーダンスを利用している。アフォーダンスがどのようなものなのか、言葉で表現することは本当にむずかしい。微小行為のあらわれは、コーヒーを入れるというような行為の場面に、テーブルの上にどれほど複雑なアフォーダンスが潜在しているのかをよくあらわしている。テーブルの上は行為の進行につれて、意味の複雑さが変化するところである。なにげない行為はじつはこのような行為を見る以外の方法ではその複雑さを記述できない環境に向かっている。

多数のアフォーダンスと多数の行為の出会い

多数の行為が関連した複雑なる情報について考えるためには、食事場面で口の中で起こっていることを想像してみるといい。それも洋食のコース料理ではなくて、小鉢のたくさん並んだ和食を適当につつきながら食べる場面がいい。

食事をするということは、眼の前に並んだ食べ物の集まりと出会うということである。一つ一つの食材にある味を考えてほしい。それらを使った料理のプロセスを想像してほしい。そこにはすでに十分に複雑なことがある。この複雑な環境を前にして、微小行為を含む「多数の手」で時間をかけてぼくらはじっくりと「何か」の探索をおこなっていく。

まずお吸い物を飲んで、サシミを噛んで飲み込んで、ご飯を噛んで飲み込んで、煮魚を噛んで飲み込んで、ご飯を噛んで飲み込んで、野菜の煮物を噛んで飲み込んで、テンプラを噛んで飲み込んで、またお吸い物を飲んで、中にあった実を噛んで飲み込んで……ということがおこなわれていく。物の選択は多数の手で探られる。

ここでは多数の食べ物が口の中で手の選択の行為によって出会っている。そこでは「もっと複雑なこと」がつくられつつある。生活科学には「口内折衷《せっちゅう》」という用語があるそうだ。多数の行為が多数の食物をある速さで「出会わせる」、とことん複雑なことがそこでつくられている。食べる人の行為の「つくりつつある味」が、食物群と行為群との出会いに起こってくることをコントロールする。

多数のアフォーダンスと、微小行為のような多数の行為が出会って、このように思いがけなく「もっと複雑なこと」があらわれる。つぎに何を食べようかなどと考えることがないわけではない。しかし、このように言葉にされることは実際にテーブルの上と口の中で起こっていることに比べてあまりに単純すぎる。実際に行為のつぎを創造しているのは、口の中で知覚される複雑さである。これは行為が創造したことであり、創造のエンジンである。しかしこの複雑なことは、ぼくらがはじめてこの世界に登場させたことではない。無からの創造ではない。それは行為にある複雑さを駆使して出会えた環境の複雑さである。

ロング・ジャンパーの知っている「踏切り」も、赤ちゃんが知っている「手のとどくところ」も、ジャグラーが知っている「玉時計」も、ヒモを探る手が知っている「ヒモのアフォーダンス」も、コーヒーを入れる人が知っている「テーブルの上の曲がり角」も、行為の出会うことは口の中の味のように複雑である。それは画家がキャンバスの上で、色と色の出会いに探ることのように複雑である。

おそらくこれが全身の知覚のシステムが活発に生き続ける動機なのである。無限のアフォーダンスの集合する環境に、ぼくらは一つの身体ではなく、多数の動きの集合で出会っている。オリジナルからはじめない行為についての議論が、行為の変化と環境とをひきはがしてしまったように、この相互に関連して変化する多数の動きからはじめない行為の説明も、行為をそれがあるところから分離する。ぼくらがこころとよんでいることの本当の姿は、この進行する多数と多数との関係に起こりつつあることなのである。なぜぼくらが行為をし続けるのか、その答えはこの創造されつつあることにしかない。

エピローグ——名前のないリアリティ

ぼくは一九九四年の春に、『アフォーダンス——新しい認知の理論』(岩波科学ライブラリー)という小さな本を書いた。ギブソンがアフォーダンスというアイディアにたどりつくまでをふりかえり、アフォーダンスのおおよその考え方を紹介した本である。その頃、アフォーダンスがおぼろげながらわかりかけたような気がした。おそらくリアリズムということが少しわかったのだろう。リアリズムというのは順序だてて理解できることではないようだ。突然はっとこびりついてしまう思考のようだ。ほかでも引用したことがあるが、ある作家は、「リアリズムとの遭遇」をつぎのように書いている。

中学一、二年のときだったとおもうが、列車の窓から外をみていて、おれとは、はなれた世界のあるのを、ひょいと感じ、ショックみたいなものをうけたおぼえがある。それまでは、世界は、すべて、自分につながっているような気がしていたようだ（世界と名がつくものは、かならず、中心があるみたいなことを学校でおそわった。自我とか、神とか、社会とか――。おれの場合は、自分のことしか、頭にうかばない）。一生、おれが、手にとることも、見ることもできない、経験の可能性の外にあることでも、なにか、それをよぶ名詞があれば（普通名詞でも、固有名詞でも）、おれの頭のなかに、場所をもっていた。しかし、電車の窓の外にあるものは、げんに、そこにあり（見え）ながら、おれにとっては名前がないことに、ふと気がつき、中学生のおれは、おかしな気持ちになった。

（田中小実昌『自動巻時計の一日』角川文庫）

ギブソンの本を何度も読んで、それについて毎日考えるようになって数年たって、ぼくもおかしな気持ちになったのだと思う。自分がそこにいようがいまいが、それ自体で持続していることがある。このあたりまえのことが、急にわかって、経験のすべてから離れなくなった。

リアルに出会って、ぼくの場合は楽しいことがふえた。通勤途中のホームから見えるスズメの飛翔。その羽の動きと、羽のまわりの光のゆれのようなことを見るのがなぜか好きになった。世の中の人たちがその生涯をかけて探していることとの複雑さ多様さを想像することで、ぼくらがどのような「知」に囲まれているのかについて、新しい感じを持てた。料理にあることと、絵や映画にあることと、建築や書物にあることが、もちろんそれぞれ違うのだけれど、人が、長い時間をかけて探しあてたという意味では「同じ」ことなのだとわかった。人がこの身体でしていることのすごさが少しわかった。そういうことが少しずつ見えてくることが生きるということなのだと思えるようになった。まわりが重くなった分、自分の方は軽くなったような気がした。人のすることを見ているのが楽しくなった。

リアリズムの思考の歴史のようなことがあるとして、ギブソンのすごさは「生態光学」を構想して、このあたりまえのことが、光の中にあることをぼくらに教えてくれたことだろう。リアルは具体的なことになった。彼によって心理学はあたりまえのことを肯定し、そこからはじめられる可能性をもてたと思う。

アフォーダンスは個体が知覚することでありながら、個体の群にとってのリアルであるとギブソンは言った。アフォーダンスは個体を「越えている」。ギブソンはこの個体を越えることを中心にして心理学を変えようとした。

それにしてもアフォーダンスはわかりにくいし、わかってもらいにくい。個体を越え個体群に共有される意味、それ自体であり続けている意味があるという言い方に対しては、いつもそれはただ何かが「客観的」にあると言っているにすぎないのではないのか、という批判がつきまとうようだ。それ自体において存在していて、私にとってそうであるように、他の人にとってもそうである（これを哲学者は「間主観性」とよぶそうだ）ようなことが客観であるならば、たしかにアフォーダンスは客観的である。しかし、アフォーダンスは動物の一個体の行為と切りはなせないし、本質的にそれを発見できた行為によってしかあらわれないことだ。アフォーダンスはたしかに「主観的―客観的の二分法の範囲を越えている」のである。

アフォーダンスについては単純な誤解があるのだと思う。第二章で書いたように地面にはぼくらが歩くことを可能にしていることがある。しかしぼくらが使っている「地面」という言葉は地面のアフォーダンスについてほとんど何も言っていない。地面にたくさんあるはずのアフォーダンスを知るために、動いていない足と地面を交互にながめて、あれこれ考えてもまったく意味がない。ではどうすればいいのか。たとえば本書の最初にしたように階段を降りる足を観察してみるしかない。ぼくらがあれこれ議論している「階段」が行為と何の関係もない、どうしようもない「抽象」なのだということは、階段を降りる足を見るとほどなくわかる。降りる行為から見えてくるリアルな階段は、ぼくらが階段についてすでに何かを知っているという自信をくつがえしてくれる。物にはこういうまったく名づけられていない性質がある。行為からあきらかになる階段の意味のようなことが、みんなに共有されている意味なのである。

ギブソンはアフォーダンスにもとづく心理学をエコロジカル・リアリズムとよんだ。エコロジカルなリアルとはおそらく「変化からあらわれる」ことだ。リアルなことは、動物の行為によってあらわれる。物についての固定したイメージ（たとえば写真に写った階段）を元にしてアフォーダンスについて議論することはきっと意味がない。「階段」というラベルからあれこれ思いつくことでアフォーダンスを語った気になっていてはいけないのだ。

ぼくらはまだ名のないリアルについて、もう少し観察を重ねて、少しは「見えること」にしてから大切に議論する必要がある。「語る前に見よ」なのだ。そうすれば面白くなる。

一九九五年の大学院のゼミでエドワード・リードさんが送ってくれた『エンカウンタリング・ザ・ワールド』という本の草稿をみんなで読んだ。生態心理学の紹介の本としては圧倒的で、早速参加者で翻訳を開始して、それはもうすぐ終わるのだけれど、この本で「ミミズ」に出会った。おかげでエコロジカルということがもう少しはっきりとしてきた。

ダーウィンはエコロジカル・リアリストだった。彼もギブソンのようにリアルを変化の中に置いていた。

エコロジカルとは、きっと固定してあり続けることは何もないというぐらいのことだ。このことを本当にわかることはリアリズムをわかることと同じようにむずかしいようだ。ぼくらはつい環境にも行為にも変わらないことを見ようとしてしまう。「階段が変化している」といわれると不思議だ。しかし階段にも跡がある。少しずつ削れていつかはなくなる。変化を考える時のスケールをとりはらえばすべてが変化している。さんご礁にみられたように、長い時間でみればあらゆる環境と動物の行為は共に変化している。

そして、共に変化すること同士の間で創造されることがある。それが行為と環境との間に起こっていることだ。

これはダーウィンが進化論で示した世界観の一つである。一刻も絶えることなく変化することだけがある。そのような存在同士に起こることがある。そのような存在同士の関係を説明できることがエコロジカルでリアルなこと、つまりアフォーダンスなのである。

ダーウィンの時代にも、種は客観的な実在かそれともラベルにすぎないのかという論争を哲学者はしていた。ダーウィンはこのような議論がイメージしている種というのが、彼が見ていた本当の種とは関係がないということに気づいていた。彼は種が「多様性の集合」であることを示して、共に変化する環境と種との間に起こっていることのありのままを議論しようとした。

ダーウィンが開拓したエコロジカルな思考の畑は、アフォーダンスという心理学の花を咲かせたのである。

この本は『種の起原』以外のダーウィンのいくつかの仕事とアフォーダンスとを同じキャンバスに置いてみることで、エコロジカル・リアリズムの景色を少しでも描こうとした。ギブソンに加えて、ダーウィンをかじったおかげで、ぼくはもう少しエコロジカルでリアルなことがわかった気がしている。このまだごく少数の人にしか知覚されていないアイディアのもつ楽しさをとくに若い読者と共有したくて、専門書ではなくて、この「講談社現代新書ジュネス」という舞台に登場させてもらった。

本書が誕生するには多くの人々との交流があった。ダーウィンの世界に導いてくれたエドワード・リードさん。情報の複雑さについていつも熱く語ってくれるトーマス・ストフレーゲンさん。この本の中心のアイディアは二人のギブソニアンの仕事に強く影響されている。

すでに書いたが、この本の構想はいろいろなところから、いろいろな専門の人が集まっている東大のゼミでの議論に出発している。参加してくれた多くの皆さんに感謝します。早稲田大学の三嶋博之さんと東京大学の細田直哉さんには草稿に詳細なコメントをいただいた。講談社の林辺光慶さんには最初にお話をいただいた時から一年数ヵ月、節目でいろいろ示唆と激励をいただいた。感謝します。本書の執筆には文部省科学研究費重点領域『認知・言語の成立』と『知能ロボット』からの援助を受けた。

父は植物を専門にしている。心理学をあまり信用していないようであるが、今回はダーウィンということでいろいろと文献を教えてくれた。この本を、北海道の自然の中でぼくを育ててくれた両親に捧げることにする。

一九九六年一一月二〇日

筆者

参考文献

第一章
・C・ダーウィン『珊瑚礁』　一八四二　永野為武訳　ダーウィン全集Ⅲb　一九四〇　白揚社
・C・ダーウィン『ダーウィン先生地球航海記5』　一八三九　荒俣宏訳　一九九六　平凡社
・本川達雄『サンゴ礁の生物たち』　一九八五　中公新書
・森啓『サンゴ――ふしぎな海の動物』　一九八九　築地書館
・山里清『サンゴの生物学』　一九九一　東京大学出版会

第二章
・C. W. Anderson, *The modulation of feeding behavior in response to prey type in the frog Rana pipiens*. Journal of Experimental Biology, 179, 1-12 1993
・C・ダーウィン『ミミズと土』　一八八一　渡辺弘之訳　一九九四　平凡社
・C・ダーウィン『ミミズと土壌の形成』　一八八一　渋谷寿夫訳　一九七九　たたら書房
・ジェリー・ミニッチ『ミミズの博物誌』　一九七七　河崎昌子訳　一九九四　現代書館
・中村方子『ミミズのいる地球』　一九九六　中公新書
・E. Reed, *Darwin's earthworms: A case study in evolutionary psychology*. Behaviorism, 10(2), 46-49, 1982

・E. Reed, *Encountering the world: Towards an ecological psychology*. New York: Oxford University Press. 1996（『アフォーダンスの心理学』 細田直哉訳 二〇〇〇 新曜社）
・渡辺弘之『ミミズのダンスが大地を潤す』 一九九五 研成社
・山口英二『ミミズの話』 一九七〇 北隆館
・新妻昭夫『ダーウィンのミミズの研究』 月刊たくさんのふしぎ 一九九六 福音館書店

第三章

・J. J. Gibson, *The ecological approach to visual perception*. Boston: Houghton Mifflin. 1979（『生態学的視覚論』 古崎敬他訳 一九八五 サイエンス社）
・J. J. Gibson, *The senses considered as perceptual systems*. Boston: Houghton Mifflin. 1966
・黄倉雅弘「打検技術の研究」 一九九五 早稲田大学人間科学研究科修士論文
・佐々木正人『アフォーダンス――新しい認知の理論』 一九九四 岩波科学ライブラリー
・W. Warren & R. Verbrugge, *Auditory perception of breaking and bouncing events: A case study in ecological acoustics*. Journal of Experimental Psychology: Human Perception and Performance, 10, 704-712, 1984

第四章

・N. A. Bernstein, *On dexterity and its development*, in M. L. Latash & M. T. Turvey

(Eds.), Dexterity and its development, LEA, 3-236, 1996（『デクステリティ――巧みさとその発達』 工藤和俊訳 二〇〇三 金子書房）
・D. N. Lee & P. E. Reddish, *Plummeting gannets: a paradigm of ecological optics.* Nature, 293, 293-294. 1981
・D. N. Lee, J. R. Lishman & J. A. Thomson, *Regulation of gait in long jumping.* Journal of Experimental Psychology: Human Perception and Performance, 8, 448-459,1982
・佐々木正人・三嶋博之「運動制御への生態学的アプローチ」 川人光男他 岩波講座認知科学4『運動』 一九九四 岩波書店
・H. Y. Solomon & M. T. Turvey, *Haptically perceiving the distances reachable with hand-held objects.* Jouranl of Experimental Psychology: Human Perception and Performance, 14 (3), 404-427, 1988
・T. A. Stoffregen, *Flow structures versus retinal location in the optical control of stance.* Journal of Experimental Psychology: Human Perception and Performance, 11 (5), 554-565, 1985

第五章

・C・ダーウィン『種の起原 上下』 一八五九 八杉龍一訳 一九九〇 岩波文庫
・C・ダーウィン『よじのぼり植物』 一八七五 渡辺仁訳 一九九一 森北出版

・C・ダーウィン『植物の運動力』 一八八〇 渡辺仁訳 一九八七 森北出版

・C・ダーウィン『人間及び動物の表情』 一八七二 村上啓夫訳 一九三八 ダーウィン全集Ⅷ 白揚社

・M. T. Ghiselin, *The triumph of the Darwinian method.* University of California Press. 1969

・J・ピアジェ『知能の誕生』 一九三六 谷村覚・浜田寿美男訳 一九七八 ミネルヴァ書房

・E. Thelen, D. Corbetta, K. Kamm & J. P. Spencer, *The transition to reaching: Mapping intention and intrinsic dynamics.* Child Development, 64, 1058-1098, 1993

・E. Thelen & L. B. Smith, *A dynamic systems approach to the development of cognition and action.* MIT Press. 1994

第六章

・P. J. Beek, & A. M. van Santvoord. *Dexterity in cascade juggling,* in M. L. Latash & M. T. Turvey (Eds.), *Dexterity and its development,* LEA, 377-392, 1996

・C. Carello et al., *Visually perceiving what is reachable.* Ecological Psychology, 1 (1), 27-54, 1989

・L. D. Rosenblum et al., *Auditory reachability: An affordance approach to the perception of sound source distance.* Ecological Psychology, 8 (1), 1-24, 1996

・三嶋博之「手の能動触によるひものアフォーダンスの知覚」ヒューマンサイエンスリサーチ（早稲田大学人間科学研究科紀要）5, 87-100. 一九九六
・佐々木正人・鈴木健太郎「行為の中心にあること」（『心理学評論』37-4）一九九五

解説

計見一雄

雪国の朝、気温零度ちょっとなので雪が舞ったり氷雨まじりになったりする中を、早足で歩く。路面に目をこらさないと転倒する。アスファルトの上にパラパラと雪を撒いたような表面、強く蹴っても大丈夫と思うと、下は前夜に凍った氷面だった。水たまりもある。

底が見えるからジャブジャブ入ってもいい、と思ったらピカピカの滑走面だった。積もった雪を見て蹴飛ばしたら長靴を跳ね返された。池面が凍結した上に雪が降り敷いていて鴨が歩いている。大人は乗れないが子供なら乗れるかもしれない。

「転ばずに歩く」を、始めた途端に地面のキメが私という二足歩行動物に多様なアフォーダンスを提示してくる（キメは漢字では肌理、文理などとも書く。物の表面の質感、絵画でいうとマチエールのようなもの）。こんな寒い朝に歩こうなどと思わなければ、転ばずに歩くのに意味のある情報は、顕《あらわ》れない。顕れないが存在しないわけではない。環境の中にたしかにある。北国に来て三年だから、多少は雪道歩行に慣れている。だから早足で歩ける。こっちの技倆が上がったのにつれて、アフォーダンスも変化している。行為への慣熟と共に変化するが、環境の中にそれがあることは不変である。

「メルセデスには手が届かない、フォルクスワーゲンならなんとかなる」というのを、英語でキャンノット・アフォード、キャン・アフォードと表現する。このアフォードを名詞化してギブソンが造語したという「アフォーダンス」。クルマを買おうと思わなければ、このアフォーダンスは発生しない。一足で上がれる台の高さもアフォーダンス、壁をたたく寸前で止める距離もアフォーダンスであろう。どちらも、それをしようとしなければ出現しない利用可能な環境の中の情報である。人間なら「〜しようと思う」という表現になるが、例えばミミズであれば、地球の全土壌を作ろうという意図をミミズが持った訳ではないだろう。土の中を前進して土を食べて排泄する。石などにぶつかったら右だか左だかに向きを変えて、柔らかい土を求めて前進するというブルート・ファクツと環境が出会って——と書きかけてハタと筆が止まってしまう。待てよ、そのミミズが食っている土壌とはミミズが作ったものとちがうのか？

個体と環境という二分法の思考は、ここではすんなりとは成り立たないようだ。自他の別だってミミズの身になって考えるとよく分からない話になる。ミミズの体内を通過中の土もミミズのつくったものだから。

人間の精神活動——こころの働き——を考える時に、古代の昔から二分法的な思考は連綿として続いている。知覚と運動というのもその一つで、私の専門領域でもしかり。知覚という入力路を通って世界のイメージが中枢に達して、そこで判断され、その判定に従って運動という出力系に転換する。これが精神医学の基礎となる知覚—運動理解である。

狂気の定義もほぼその上にのっている。診断の根拠となるのは、そのどちらかが大幅に「ふつう」から逸脱しているか、またはその両者のまとまり――統一性のようなもの――が混乱していることをもってする。近時精神分裂病を統合失調症と名称変更したのも、この三番目の「まとまりの悪さ」を指して「分裂」は人ぎきが悪いから「統合失調」と読み替えたもの。

入りと出と、その中間項のまとまりと書いた。しかしながら、医者や世間がある人の言動を指して狂気と認定する根拠となるのは、大幅に「入力系――知覚」の変容ないし異常であることが実際である。「客観的」世界が存在し、それへの「正しい」認識ができるのがふつうであるという前提。ふつうの我々には聞こえないものを聞き、見えないものを見る。世界への歪んだ理解をし、その程度が甚だしいから正常ではないと診断する。皆が共有する現実認識との乖離の程度、ヘンなことを言うヘンな人という常識的判断と精神医学的診断基準には大した違いはない。世界の見方、聞き方、理解の仕方……の異常、これはまあ入力系であろう。運動的な異常としては、だれが見ても分かるような大興奮、大暴れの類はあるとしても、詳しいデテイルまで観察した記載はないに等しい。

精神分裂病（統合失調症）のことを考え続けて半世紀、ずっと気になっていたのは、この病気ではアウトプット障害が有意ではないのかということだった。動作・行為・行動などで病初に一瞬とまってしまうことを体験する。病気が重くなると全く無動状態になる。このアウトプット途絶は思考――言語的表象を時系列で組み立てるような思考――にも及ぶ。

分裂病の精神病理学の本を書いていた当時の考察の限界は、こういう行為不能というのは脳内の「意図」作成センター（大脳皮質前頭前野の46野周辺）の機能不全であろうという程度までで、一旦終了になった。その本をまとめていて、完結しかけの頃に出会ったのが佐々木さんのアフォーダンス理論だった。

本書を読了された方々も同感であろうが、アフォーダンスという考え方はそんなに難しいものではない。御覧の通り、文章は平明である。私の場合もスッと理解できたように思ったのだが、その後が結構大変だった。分かったつもりで実は分かっていないというのに気づいたのは、後になってからである。佐々木さんの新刊（『ダーウィン的方法』岩波書店）を買って帯を見たら「意図――それは自明ではない」と書いてある。

いくつかの単位動作を組み立てるシミュレーションを、脳内で十分やってから実行するようなトレーニング（リハビリテーション）があり得ないか、特に妨害予測的なプロスペクティヴ思考訓練が有効ではないか、と考えていた。精神分裂病の治療―リハビリテーションに作業療法が有効なのはずっと昔からわかっていたことで、行為や運動を媒介項にして、認識や思考の歪みを修正しようとすること自体は誤りではない。誤りやすいのは、「行為の組み立て」と言ったときに本書二〇六ページにあるようなやり方を想定してしまうことである。

インスタント・コーヒーをカップに二杯入れて貰う実験である。「カップを二つ並べておいて、コーヒーの粉を二つのカップにつぎつぎに入れて、両方にミルクの粉をつぎつぎに入れて、つぎに……」と、「最短の系列」で行為をつなげるやり方を訓練しかねない。

「人というのはこういう場面で、まず何かをやってみて、つぎに何かをしてみて……というふうに少しずつ行為を進行させていく」とある。時系列に沿ってあらかじめプランを練り、なるべく速やかな達成に向かって前進することとは全くちがう。この種のプラン実行行為とでも呼べるようなスタイルは、実は病気の元凶かもしれぬと思うようになった。現代社会の人々は、幼い頃からこういう未来予測―計画―スピーディーな実行という思考に慣らされ訓練されている。その思考様式をいわば強制的に習熟させせられ、柔軟だがややのんびりした、とつおいつの行為が否定され切った結果が病気であるという可能性が大いにある。社会への再適応過程でも、このプラン・実行型を再度やろうとするので、その殆どが失敗する。うまくやる人というのは、失敗に慣れ、三日坊主が平気な人である。

ここまで考えて来たら、向こうから登校する小学生たちが一列でやって来た。このあたりの子供たちは、都会の子供たちとちがって素直なので、オハヨウゴザイマスと声をかけてくれる。実はもう顔なじみなのである。無愛想なジジイと思われたくないから、テキが声かけてくる前に「オハヨオ!」と言いたいのであるが、緊張するとこわばった声、無理な笑顔になる。

ヒトの発達心理学で、赤ん坊は四つのブルート・ファクツを持って生まれてくると昔学んだことがある。「泣く」、「抱きつく」、「吸い付く」ともう一つが「笑顔のような奇妙な顔をする」ことであると（その頃は、ブルート・ファクツなどという術語はない。生下時に保有している生得的能力と説明されていた）。表情と言うにはまだ淡い、泣き顔ではないし苦痛でもない顔つき。この奇妙顔がやがて赤ん坊の「天使のような笑い顔」へと発達する。それには、母親の笑顔を欠くことができない。互いが笑い微笑みあうことによってしっかりした笑いが育つ。笑いのブルート・ファクツと笑いのアフォーダンス。

小学生たちには、ジジイに笑ってくれるというアフォーダンスがある。それをうまくキャッチできなければ、オハヨウ！と景気よく発声できない。

散歩の終わりに、雲の一部が切れて青空になった。雪片はまだ舞っている。そこに陽が差して、私を包む包囲光が一段と美しく変化した。人間は個々別々の知覚しかできないという独我論が、アフォーダンス理論をその一部とするエコロジカル・サイコロジーによって乗り超えられるという、佐々木さんの本書の中での論及はこのことかと思った。

前世紀の終わり頃から、あちこちの領域で人間の思考のパラダイムに疑いを抱く人々が出はじめ、その変更を求めて動き出したような気がする。殆ど、同時多発的にである。

そういう中で、アフォーダンス理論を生み出したエコロジカル・サイコロジーにはそれらの思考のニュー・ウェーヴを統合するようなポテンシャルが感じられる。アフォーダンスの難解さと思われているのは、それを今自分がやっている行為と結びつけて理解しようとしないことに由来するのではないか。この、今やっていることには、日々の暮らしと同様に、例えば学問的営為や科学実験の技法も包含される。

（精神科医）

KODANSHA

本書の原本は、一九九六年十二月、講談社現代新書
『知性はどこに生まれるか』として刊行されました。

佐々木正人（ささき　まさと）

1952年北海道生まれ。東京学芸大学教育学部卒業，筑波大学大学院博士課程修了。東京大学大学院教育学研究科教授などを経て，現在，多摩美術大学教授，東京大学名誉教授。専攻は生態心理学。著書に『アフォーダンス』『からだ：認識の原点』『レイアウトの法則』などがある。

講談社学術文庫

定価はカバーに表示してあります。

アフォーダンス入門《にゅうもん》

知性《ちせい》はどこに生《う》まれるか

佐《さ》々《さ》木《き》正人《まさと》

2008年3月10日　第1刷発行

2024年6月24日　第17刷発行

発行者　森田浩章

発行所　株式会社講談社

東京都文京区音羽2-12-21 〒112-8001

電話　編集（03）5395-3512

販売（03）5395-5817

業務（03）5395-3615

装　幀　蟹江征治

印　刷　株式会社ＫＰＳプロダクツ

製　本　株式会社国宝社

本文データ制作　講談社デジタル製作

ISBN978-4-06-159863-8

「講談社学術文庫」の刊行に当たって

これは、学術をポケットに入れることをモットーとして生まれた文庫である。学術は少年の心を養い、成年の心を満たす。その学術がポケットにはいる形で、万人のものになることは、生涯教育をうたう現代の理想である。

こうした考え方は、学術を巨大な城のように見る世間の常識に反するかもしれない。また、一部の人たちからは、学術の権威をおとすものと非難されるかもしれない。しかし、それはいずれも学術の新しい在り方を解しないものといわざるをえない。

学術は、まず魔術への挑戦から始まった。やがて、いわゆる常識をつぎつぎに改めていった。学術の権威は、幾百年、幾千年にわたる、苦しい戦いの成果である。こうしてきずきあげられた城が、一見して近づきがたいものにうつるのは、そのためである。しかし、学術の権威を、その形の上だけで判断してはならない。その生成のあとをかえりみれば、その根は常に人々の生活の中にあった。学術が大きな力たりうるのはそのためであって、生活をはなれた学術は、どこにもない。

開かれた社会といわれる現代にとって、これはまったく自明である。生活と学術との間に、もし距離があるとすれば、何をおいてもこれを埋めねばならない。もしこの距離が形の上の迷信からきているとすれば、その迷信をうち破らねばならぬ。

学術文庫は、内外の迷信を打破し、学術のために新しい天地をひらく意図をもって生まれた。文庫という小さい形と、学術という壮大な城とが、完全に両立するためには、なおいくらかの時を必要とするであろう。しかし、学術をポケットにした社会が、人間の生活にとってより豊かな社会であることは、たしかである。そうした社会の実現のために、文庫の世界に新しいジャンルを加えることができれば幸いである。

一九七六年六月

野間省一